Mathias Jung

Der Weg zum Ich

Wie ich wurde, der ich bin:
Sinnsuche und biografische Entwicklung

Aus der Sprechstunde Band 36

Jeder Mensch ist aber nicht nur er selber,
er ist auch der einmalige, ganz besondere,
in jedem Fall wichtige und merkwürdige Punkt,
wo die Erscheinungen der Welt sich kreuzen,
nur einmal so und nie wieder. Darum ist jedes
Menschen Geschichte wichtig, ewig, göttlich,
darum ist jeder Mensch, solange er irgend
lebt und den Willen der Natur erfüllt,
wunderbar und jeder Aufmerksamkeit würdig ...
Das Leben jedes Menschen ist ein Weg zu sich
selber hin, der Versuch eines Weges,
die Andeutung eines Pfades.

Hermann Hesse
Demian. Die Geschichte von
Emil Sinclair (1919)

Mathias Jung

Der Weg zum Ich

Wie ich wurde, der ich bin: Sinnsuche und biografische Entwicklung

ISBN 978-3-89189-183-4
1. Auflage 2009
Umschlaggestaltung: Martin Gutjahr-Jung
Umschlagfoto: Martin Gutjahr-Jung
Zeichnungen: Andrea Montermann
Gesamtherstellung: Kösel, Krugzell
© 2009 by emu Verlags- und Vertriebs GmbH, Lahnstein

Inhalt

Die Ursprünge

Ich kann mich nicht als absoluten Anfang denken;
ich schuf mich nicht selbst; zwar ich ergreife mich als
Ursprung, wenn ich ich selbst bin, aber ich bin
bestimmt in meiner H e r k u n f t. Diese hat ihre
Möglichkeiten, aber sie beschließt nicht alle Möglich-
keit in sich.

Karl Jaspers
Philosophie, II

Ich erinnere mich noch genau an den Augenblick:
Wie ich mein Ich entdeckte. Ich spielte, etwa sechs-
jährig, auf dem Bürgersteig vor unserem Haus. Meine Ärzteeltern arbeiteten in der Praxis. Die Sprech-
stundenhilfe betreute die Patienten. Die Haushälte-
rin kochte. Meine drei Geschwister lernten in der
Schule. Ich war allein. Mutterseelenallein. Vater-
seelenallein. Geschwisterseelenallein. Ich empfand
mich plötzlich, wie von einer Zugluft kalt ange-
haucht, einsam und verloren. Hatte ich Nesthäkchen mich bisher nicht immer als Mittelpunkt des
Universums, als kleiner Sonnenkönig gefühlt, von
allen geachtet, geliebt, gehätschelt?

Mein Herz krampfte sich vor Schmerz zusammen.
Ich fühlte mich mit einem Schlag vom Zentrum der
Welt an die Peripherie versetzt: Keiner kümmerte
sich um mich. Schlimmer noch – keiner brauchte
mich! Die Welt drehte sich, ohne mich zu bemerken,

Ich ?

gleichmütig und gleichgültig um ihre Achse, ob ich da war oder nicht.

In diesem fast magischen Augenblick schmerzhafter Individuation, der Geburt meines abgegrenzten, sich selbst überantworteten Ichs, traf mich zugleich eine weitere narzisstische Kränkung, indem ich erkannte: Vor sechs Jahren hatte es mich noch nicht gegeben. Schlimmer noch – keiner hatte mich vermisst. Alle waren ohne mich fröhlich gewesen. Ich begriff jäh: Ich war gar nicht so wichtig. Ich war „nur" ein Kind. Ich war „nur" eines von vier Geschwistern. Ich war „nur" ein kleines unbedeutendes Menschlein unter Milliarden. Mir schwindelte: Ich war in diesen Sekunden ein für alle Mal aus dem Paradies der Kindheit herausgefallen. Mein Ich war erwacht. Ich fröstelte im gleißenden Sonnenlicht.

Felix, 45, Buchhändler in der Lüneburger Heide, beschrieb mir ein ähnliches Erlebnis: Eine frühe Zäsur in seiner Kindheit, in der er sich zum ersten Mal mit der existenziellen Einsamkeit seines Ichs konfrontiert sah – in Form einer zutiefst melancholischen Stimmung.

„Oktober 1969, ich bin fünf Jahre alt. Ich sitze an meinem Lieblingsplatz, in einer Astgabel des alten Apfelbaumes, den Großmutter mir ‚geschenkt' hat. Sein knorriger Stamm teilt sich dicht über dem Erdboden in zwei dicke Äste, und ich habe schnell gelernt, an ihnen emporzuklettern. Das ist mein Beobachtungsposten, auf den ich mich zurückziehe, wenn ich allein bin – oder allein sein will. Stunden klettere ich auf den Ästen, beobachte Ameisen, wie sie sich unermüdlich über die grobe Baumrinde kämpfen, um Blattläuse zu melken. Wespen fressen sich in das letzte Fallobst und verschwinden darin. Ich bin fasziniert von diesem wilden Mikrokosmos. Hier tagträume ich von Abenteuern, schwelge in Kinderphantasien oder klettere einfach hinauf, wenn ich traurig bin und einen Rückzugsort brauche. Im August und September gibt es um mich herum wunderschöne, gelbe Äpfel, die ich auf meinem Hochsitz in rauen Mengen genieße. Der Baum ist für mich das, was für Astrid Lindgrens ,Michel aus Lönneberga' die Holzhütte darstellt, in der er seine Figuren schnitzt. Nur, dass mich nie jemand zur Strafe dorthin schickt: Ich gehe stets freiwillig in die ,innere Emigration'. Der Baum ist mir Piratenschiff und Mount Everest, Beichtstuhl, Tarzans afrikanischer Urwaldbaum und Apollo-11-Mondrakete, eine Leibniz'sche Monade, Aussichtsturm zur Welt – und manchmal selbst gewähltes Verlies.

Der kleine, längst abgeerntete Kartoffelacker in unserem Garten liegt schräg unter mir. Hier habe ich im Sommer meinem Onkel bei der Ernte helfen dürfen. Wir gruben die Pflanzen aus, er zeigte mir, wie man die Erde von den Knollen schüttelt und ich musste aufpassen, damit die vielen Regenwürmer in der lockeren Erde nicht verletzt wurden. Später wurde das trockene Kartoffelkraut verbrannt, es qualmte fürchterlich und brannte in den Augen, und es war das großartigste Indianerfeuer, das man sich nur wünschen konnte, um mit einem nassen Jutesack darüber Rauchzeichen an andere Stämme zu senden ...

Jetzt ist die dunkle, umgegrabene Erde mit Raureif überzogen, glänzt fast metallisch im langsam kippenden Licht des späten Herbstnachmittags. Der Himmel, vergittert vom blattlosen Geäst über meinem Kopf, ein einziges, geradezu massives Grau, das unmerklich dunkler wird. Milchiges, kaltes Spülwasser, das zu Blei gerinnt. Leichte Nebelschwaden stehen zwischen den fast schwarzen Stämmen der großen Eichen, jenseits der Gärten. Es ist totenstill, als hätte jemand eine riesige Uhr angehalten.

In diesem Moment zerreißt jähes Krähengeschrei die Stille, mehrere Dutzend Tiere ziehen in kleinen Schwärmen über mich hinweg, über Obstbäume und Hausdächer, wie Scherenschnitte, die zum Leben erwacht sind. Sie fliegen davon, Richtung Westen, dorthin, wo im Sommer die Sonne untergeht. Ich wünschte, ich könnte mit ihnen fliegen.

Die Rufe der Vögel sind noch heute in meinem Kopf. Sie haben die tiefe Melancholie dieser Situation wie ein Akt der Fotografie in meine Erinnerung gebannt, wie ein Auslöser, der dieses Bild auf dem empfindlichen Film meiner Kinderseele belichtet hat. Es ist eine Stimmung, die mich mein ganzes Leben begleiten wird, in der so viel Atmosphäre, Charakterfärbung und Körpergefühl gebunden werden, wie in keiner anderen Erinnerung. Doch bei aller schweren Traurigkeit und Verlorenheit, die sich damals für mich entkleidet hat, schwingt in der Szenerie auch immer eine große, tröstliche Sehnsucht mit. Die Krähen waren mir nie die unheilvollen Schattenvögel, als die sie vielleicht in den Gutenachtgeschichten meiner Großtante Dora auftauchten. Ich empfand sie als klug, bewunderte ihre Unabhängigkeit und ihre Gemeinschaft. Die Kälte schien ihnen nichts auszumachen, sie konnten fliegen, wohin sie wollten. Sie waren das Gegenteil von unseren Hühnern und Brieftauben: Sie waren frei."

Bei der folgenden Reise in den Lebenslauf der menschlichen Psyche mag, liebe Leserin, lieber Leser, ein kleiner philosophischer Exkurs hilfreich sein. Den Denkern der klassischen deutschen Philosophie schien alles klar. Immanuel Kant (1724 – 1804) entwickelte in seinem moralphilosophischen Hauptwerk *Die Kritik der praktischen Vernunft* die Idee von mir selbst „als einem absolut freien Wesen". Als Erkenntnistheoretiker entwarf er das Konstrukt des *transzendentalen Bewusstseins*, das als tätiges Ich die Welt unserer erfahrbaren Erscheinungen formiert. Die Existenz des *Dings an sich* liegt, für uns unerkennbar, jenseits unseres Bewusstseins. Uns erreicht nur ein Mischmasch von Empfindungen, die der Verstand – nach unseren Maßstäben von Raum, Zeit, Kausalität und anderen mehr – zusammensetzt. Johann Gottlieb Fichte (1762–1814) spitzte (in *Grundlage der gesamten Wissenschaftslehre*) zu: „Alles, was ist, ist nur insofern, als es im Ich gesetzt ist, und außer dem Ich ist nichts". Konsequent definierte Fichte den Menschen als Wesen, das sich selbst geschaffen hat.

Dagegen ist das Ich bei vielen anderen philosophischen Autoren eine umstrittene Größe. Bei Aurelius Augustinus (354–430), einem ebenso gelehrten Kirchenvater wie angstbesetzten Fanatiker, lernt das Ich sprechen. Kein anderer früherer Denker hat so viel zur Entfaltung des Persönlichkeitsgedankens und der Ich-Psychologie beigetragen wie dieser christliche Philosoph in seinen *Confessiones*. Sie sind ein Meisterwerk der kritischen Selbstanalyse und -reflexion, in der die Zerrissenheit der menschlichen Psyche schonungslos sichtbar gemacht wird: „Ein tiefes Geheimnis ist der Mensch." Und: „Ich ward mir selbst zum großen Rätsel." Der Denker eröffnet mit seinem kühnen Interesse an der Abgründigkeit und Einzigartigkeit des Menschen und seiner zerbrechlichen Seele eine Persönlichkeitskultur, die erst wieder in der Moderne erreicht wird. In Augustinus finden wir einen Menschen, der die Qual seiner Unerlöstheit hinausschreit und sich kompensatorisch einen Gott als unermesslich hohe Vater- und Mutterfigur konstruiert: „Du Höchster, Bester, Mächtigster, Allmächtigster, Barmherzigster und Gerechtester, Verborgenster und Gegenwärtigster, Schönster und Stärkster ... heilige Wonne meiner Seele ... Weder meine Mutter noch meine Ammen hatten sich selbst ihre Brüste gefüllt, sondern du botest mir durch sie die kindliche Nahrung ...".

Bei dem mittelalterlichen Humanisten Michel de Montaigne (1533–1592), dem Autor des selbstreflexiven Meisterwerks der *Essays,* ist das Ich ein Chamäleon, unruhig, oszillierend zwischen Schlaf und Erregung, Gewohnheit und Neuem, ununterbrochen gefärbt von den widersprüchlichsten, beglückenden und schmerzhaften Affekten, bald triebhaft, bald rational, hier konstruktiv, dort zerstörerisch. Das Ich ist hier kein kalkulatorisches, verlässlich formendes Bewusstsein, sondern ein Kessel Buntes. Montaigne thematisiert als Erster und ohne Scham dieses pulsierende, irritierende und quecksilbrige Phänomen Ich, das sich, wie ein junger Hund gegen den Zugriff seines Herrn, gegen alle Normen des Sittlichen und des Sozialen sträubt und bis zum letzten Atemzug überraschend und unergründlich bleibt. Im Inneren des Menschen liegt nach Montaigne seine letzte und bewegliche Wahrheit: „Nur du selber weißt, ob du feige oder grausam bist oder pflichttreu und gottesfürchtig; die anderen haben kein wirkliches Bild von dir, sondern suchen sich anhand ungewisser Mutmaßungen eines zu machen." Aber auch: „Das, worauf wir uns am wenigsten verlassen können, das sind wir selbst."

Gibt es ein festes, konsistentes Ich nach Art einer *Blackbox* überhaupt? Der schottische Philosoph David Hume (1711–1776) definiert das Ich skeptisch als einen bloßen Aggregatzustand von Empfindungen oder, wie er formuliert, *perceptions*, *Bewusstseinsinhalten*. Die Seele ist nach Hume, „soweit wir uns einen Begriff von ihr machen können, nichts als ein System oder andauernder Strom von Perceptionen: Wärme und Kälte, Liebe und Zorn, Gedanken und Empfindungen" – das Ich als spontane Aktualität, eine „Ansammlung von Perlen ohne Kette". Modern gesprochen: Im Geflecht der Neuronen hat das Ich keinen festen Wohnsitz. Dieses Unfassbare, nur schwer zu Bindende finden wir treffend formuliert in August Strindbergs (1849–1912) bitterem autobiografischen Roman *Der Sohn der Magd*: „Das Ich ist kein Selbst; es ist eine Vielfalt von Reflexen, ein Komplex aus Begierden, Trieben, einige hier unterdrückt, andere dort losgelassen."

Von einem Tod des Ichs kann man bei dem Physiker und Philosophen Ernst Mach (1838–1916) sprechen. Der Naturwissenschaftler, der heute noch durch seine Berechnung der Überschallgeschwindigkeit (daher die Maßeinheit *Mach*) bekannt ist, notiert in seinem Werk *Die Analyse der Empfindung*: „An einem heiteren Sommertage im Freien erschien mir einmal die Welt samt meinem Ich als e i n e zusammenhängende Masse von Empfindungen, nur im Ich stärker zusammenhängend. Obgleich die eigentliche Reflexion sich erst später hinzugesellte, so ist doch dieser Moment für meine ganze Anschauung bestimmend geworden." Und: „Das Ich ist keine unveränderliche, bestimmte, scharf begrenzte Einheit." Schließlich: „D a s I c h i s t u n r e t t b a r. Teils diese Einsicht, teils die Furcht vor derselben führen zu den absonderlichsten pessimistischen und optimistischen religiösen und philosophischen Verkehrtheiten."

Mit dem Ich ist es also nicht so einfach. Friedrich Nietzsche (1844–1900) spricht in seinem „unterirdischen" Werk *Morgenröte* vorsichtig vom „so genannten Ich". Später, in seinem Nachlasswerk *Die Unschuld des Werdens* (II) registriert der Philosoph und scharfsinnige Psychologe: „Wohin ich auch steige, überall hin folgt mir mein Hund, der heißt ‚Ich'."

Dabei konstelliert sich das Ich nach Nietzsche tragisch und glücklich zugleich. Es steht in der Spannung von kosmischer Einsamkeit und individueller Autonomie. Berühmt geworden ist Nietzsches Definition des Menschen als einem *animal rationale* – einem klugen, aber arroganten Tier. In seinem Werk *Über Wahrheit und Lüge im außermoralischen Sinne* formuliert er grandios: „In irgendeinem abgelegenen Winkel des in zahllosen Sonnensystemen flimmernd ausgegossenen Weltalls gab es einmal ein Gestirn, auf dem kluge Tiere das Erkennen erfanden. Es war die hochmütigste und verlogenste Minute der ‚Weltgeschichte': aber doch nur eine Minute. Nach wenigen Atemzügen der Natur erstarrte das Gestirn, und die klugen Tiere mussten sterben – so könnte jemand eine Fabel erfinden und würde doch nicht genügend illustriert haben, wie kläglich, wie schattenhaft und flüchtig, wie zwecklos und beliebig sich der menschliche Intellekt innerhalb der Natur ausnimmt; es gab Ewigkeiten, in denen er nicht war; wenn es wieder mit ihm vorbei ist, wird sich nichts begeben haben." Eine ebenso vernichtende wie realistische Einschätzung des großen Denkers. Keine schönen Aussichten für die Krone der Schöpfung!

Das menschliche Ich neigt nach Nietzsche dazu, sich maßlos zu überschätzen und seiner Ich-Verliebtheit durch das Phantasma einer angeblichen Unsterblichkeit im Himmel zu huldigen. Nietzsche gießt bittere Tropfen in den Wein dieser Jenseitigkeitshoffnung: „Denn es gibt für jenen Intellekt keine weitere Mission, die über das Menschenleben hinausführte. Sondern menschlich ist er, und nur sein Besitzer und Erzeuger nimmt ihn so pathetisch, als ob die Angeln der Welt sich in ihm drehten, könnten wir uns aber mit der Mücke verständigen, so würden wir vernehmen, dass auch sie mit diesem Pathos durch die Luft schwimmt und in sich das fliegende Zentrum dieser Welt führt."

Der gleiche Denker aber ruft dem jungen Menschen zu: „Werde, der Du bist." In seinem *Zarathustra*, dem Buch der „azurnen Einsamkeit", fordert er das

Ich auf, alles so oft zu tun, „dass ich es unzählige Male tun will". Da beschwört er die schöpferische Freiheit des Ichs mit den hymnischen Worten: „Wollt Ihr hoch hinaus, so braucht die eigenen Beine! Lasst Euch nicht empor t r a g e n, setzt Euch nicht auf fremde Rücken und Köpfe!" Nietzsche rühmt das mutige Ich als Angelpunkt menschlicher Existenzerfüllung: „Und wenn es auf Erden auch Moor und dicke Trübsal gibt: wer leichte Füße hat, läuft über Schlamm noch hinweg und tanzt wie auf gefegtem Eise. Erhebt Eure Herzen, meine Brüder, hoch! höher! Und vergesst mir auch die Beine nicht! Erhebt auch Eure Beine, Ihr guten Tänzer, und besser noch: Ihr steht auch auf dem Kopf!"

Gibt es überhaupt ein einziges Ich? Die Gehirnforschung geht heute davon aus, dass wir an die Stelle des e i n e n Ichs eine Vielfalt von Ich-Zuständen setzen müssen: das *Körper-Ich*, das kompassähnliche *Verortungs-Ich*, das *Erlebnis-Ich*, das *Kontroll-Ich*, das *selbstreflexive Ich*, das *moralische Ich* oder das für meine Identität lebenswichtige *autobiografische Ich*. Diese Vielfalt macht die hohe Flexibilität und die genuine Entwicklungsfähigkeit des Ichs aus. Gehirnphysiologisch betrachtet ist der Mensch eher ein Spätling und lediglich niedrig spezialisierter „Generalist".

Der Gehirnforscher Gerald Hüther würdigt das enorme Potenzial des Sinn- und Gehirn-Ichs (in: *Bedienungsanleitung für ein menschliches Gehirn*,

2005) stammesgeschichtlich: „Es gab unglaublich viel zu entdecken in dieser von so vielen Hör-, Seh-, Riech- und sonstwie spezialisierten Künstlern gestalteten Welt, wenn man Ohren, Augen, Nase und Haut gleichermaßen gut benutzen und das Gehörte, Gesehene, Gerochene und Gefühlte zu einem möglichst vollständigen Bild zusammenfügen, assoziieren konnte ... Und all das gelang natürlich umso besser, je weniger die im Gehirn angelegten Verschaltungen bereits von Anfang an durch genetische Programme bestimmt waren. So entstanden aus den ursprünglichen, aus den streng programmgesteuerten Konstruktionen allmählich immer offenere, nicht mehr ausschließlich genetisch kontrollierte Schaltungen." Hüthers Schlussfolgerung lautet: „Mit einem solchen Gehirn haben sich unsere Vorfahren auf den Weg gemacht, eine Welt zu schaffen, in der sie die Bedingungen für die Benutzung ihres Gehirns zu ihren eigenen Vorstellungen gestalten konnten."

Das durch Kommunikation und ununterbrochene Lernprozesse generierte Ich schafft, den äußeren Umständen entsprechend, Genies oder Fachidioten. Hüther: „So gibt es Computerfreaks, die von Kindesbeinen an so intensiv auf den Tastaturen ihrer PCs herumgehackt und sich in eigenen Computerwelten bewegt haben, dass sie später als Erwachsene außerstande sind, ein direktes Gespräch zu führen oder (meist handelt es sich dabei ja um Männer) eine Frau mit etwas anderem als ihrem PC zu verzaubern. Es gibt mathematische Genies, die außerstande sind, eine Möwe von einer Gans zu unterscheiden, und Fußballartisten, die kaum bis drei zählen können. Es gibt Geigenvirtuosen, die weder schwimmen noch Fahrrad fahren, und Schachmeister, die weder singen noch tanzen können."

Wo liegen nun aber die wirkmächtigen Ursprünge unseres Ichs? Karl Marx (1818–1883) betonte die soziale Prägung des Ichs. Als Kritiker des Kapitalismus und seiner über Leichen gehenden Profitgier sah er den arbeitenden Menschen im Zustand der *Entfremdung*. Für Lohnarbeiter, also die Mehrheit des Volkes, wird nach Marx die Arbeit zum Zwang, zur Arbeit für andere, zum bloßen Existenzmittel des Lebens. Marx: „Der Arbeiter fühlt sich daher erst außer der Arbeit bei sich und in der Arbeit außer sich." Für Marx war der Mensch nicht vorrangig ein Individuum, ein Einzelner, sondern ein gesellschaftliches Wesen, das verschiedenen Klassen angehört. Der Wiener Arzt Sigmund Freud (1856–1939) wiederum erkannte, dass nicht allein die Vernunft den Menschen bestimmt, sondern auch sein triebhaftes *Es* und das *Über-Ich*. Das *Ich* ist nach Freud gleichsam der Kompromiss zwischen dem *Es* und dem disziplinierenden, sozialen *Über-Ich*.

Es sind also die Welt, das Milieu, die ökonomischen Bedingungen, Armut oder Reichtum, Nationalität, Landschaft, Sprache, Kultur, Religiosität, Lebensphilosophie und viele andere Lebensumstände mehr, die das weiche und formbare Ich prägen: Ich bin ein Kind meiner Zeit. Mich bewegt, was meine Zeit bewegt. Mich prägt, was meine Epoche prägt.

Im engeren und entscheidenden Sinn sind es die Familie, die Eltern und die Ahnen, die die unverwechselbaren Grundlagen meines So-Seins, mein erstes Ich, modelliert haben. Der Existenzphilosoph und Psychiater Karl Jaspers (1883 – 1969) konstatiert (in *Philosophie, II*): „Ich kann mich nicht als absoluten Anfang denken; ich schuf mich nicht selbst; zwar ergreife ich mich als Ursprung, wenn ich ich selbst bin, aber ich bin bestimmt in meiner H e r k u n f t.“ Jaspers präzisiert: „Wenn ich meine Herkunft als meinen Anfang o b j e k t i v i e r e, so weiß ich, dass mein Dasein an das Sichtreffen meiner Eltern gebunden, durch Vererbung und Erziehung, durch soziologische und ökonomische Lage bestimmt ist. Mein Anfang ist nicht der Anfang. Ich blicke über meinen Anfang hinaus und sehe ihn als geworden; über meine Geburt führt der Blick in einen grenzenlosen Prozess dieses Werdens, in dem kein Grund erreicht wird, der der erste Anfang wäre.“

Inwieweit dies eine Mitgift oder eine Hypothek ist, darüber hören wir Therapeuten in den Sprechstunden viel Ermutigendes wie Deprimierendes. Sicher ist, die Eltern waren, ob wir sie gut im Herzen tragen oder ob wir noch von Groll erfüllt sind, unsere ersten Ich-Bildner. Jaspers betont daher an gleicher

Stelle: „Nicht ich habe meine E l t e r n wählend bestimmt. In einem absoluten Sinn sind sie die meinigen. Ich kann sie, wenn ich etwa möchte, nicht ignorieren, ihr Wesen, selbst wenn es fremd erscheinen sollte, steht zu dem meinen in inniger Gemeinschaft."

Kindheit bedeutet, von der tastenden Welterkundung des Säuglings bis zum Lebensexperiment des rebellisch Pubertierenden, Arbeit an der Zusammenfügung des Ichs. Die Familie ist erster Brutkasten und Werkstatt unserer Psyche, im Guten wie im Schlechten. Als Psychoanalytiker erkannte der Arzt Carl Gustav Jung (1875 – 1961): „Wir wissen, dass die ersten Kindheitseindrücke unverwehrbar den Menschen durch sein ganzes Leben begleiten, und dass ebenso unzerstörbar Erziehungseinflüsse den Menschen in gewisse Schranken zu bannen vermögen."

Womit wir beim Thema sind.

Die Mutter

Vieles Böse geschieht.
Aber dieses, dass Kinder
Immer von neuem die Augen aufschlagen zum Leben,
Eben umhüllt noch vom Urtraum im Leibe der Mutter,
Und schon umfangen vom Auge der Sorge und Liebe.
Weinend zuerst,
Doch dem Weinen gesellt sich ein Lächeln,
Staunen sodann und Ergreifen und endlich ein Rufen –
Vieles Böse geschieht,
Aber dieses, ihr Mütter,
Dieses ist gut.

Albrecht Goes

✳

Ich glaube, es gibt keinen Menschen, der einem so
seelische Schmerzen zufügen kann wie die eigene
Mutter.

Manuela (42)

Mutterfülle oder Muttermangel, das ist die Grund-entscheidung am Anfang unseres Lebens. Auf sie haben wir keinen Einfluss. In den ersten Monaten und Jahren unserer Existenz entscheidet sich, ob unser Ich mit *Urvertrauen* oder mit *Urmisstrauen* in die Welt geht.

Der totale Muttermangel führt, wie wir aus der Bin-dungsforschung wissen, zur seelischen Katastrophe.

MUTTERMANGEL. MUTTERFÜLLE.

Ein tragisches Beispiel aus der Geschichte liefert uns dafür der Stauferkönig Friedrich II. (1194–1250). Der gebildete Mann wollte herausfinden, ob es, statt der babylonischen Sprachverwirrung, eine „Ursprache" der Menschheit gäbe. Im Normalfall nehmen die Kinder ja die „Muttersprache", also die Sprache der nächsten Bezugsperson, in einem Prozess der Imitation und Spiegelung an. Was würde passieren, fragte sich Friedrich II., wenn ein Säugling in einem sprachlosen Raum aufwüchse? Also startete er ein Experiment, das in die lange Geschichte grausamer Menschenversuche eingegangen ist. Eine Gruppe Neugeborener wurde, isoliert von der Außenwelt, von Ammen betreut. Diesen trug er auf, den Kindern reichlich die Brust zu geben, sie zu baden und zu windeln, aber kein Wort mit ihnen zu sprechen. Würden sie nun die „Ursprache" oder die Sprache der Eltern annehmen? Das Experiment war ebenso sinnlos wie barbarisch: Alle Kinder starben. Ohne die zärtlichen Worte ihrer Pflegemütter, ohne ihr Lächeln und Streicheln wurden sie nicht lebensfähig.

Ein zweites Beispiel der Ich-Verwüstung durch vollständige Mutterentbehrung stammt aus der jüngeren Vergangenheit. Als der rumänische Diktator Ceauşescu gestürzt wurde, offenbarte sich eine furchtbare Tragödie: Die Waisenhäuser des Landes waren in einem unmenschlich verwahrlosten Zustand. Viele der Kinder lagen eingenässt, manchmal sogar eingekotet in ihren Gitterbettchen. Manche von ihnen hatten die Angestellten mit Mullbinden an die Gitterstäbe fixiert. Die Kinder zeigten sich fast alle geistig zurückgeblieben; einige waren im klinischen Sinn „Idioten". Der Begriff stammt von dem altgriechischen Wort *idios, eigen*. Das heißt, sie bewegten sich autistisch in einer eigenen Welt, weil sie, ohne die Kommunikation mit einer Mutter und von einem völlig überforderten Pflegepersonal nur notdürftig verwahrt, nie sprechen gelernt hatten. Der Tyrann pflegte seine berüchtigten Folterknechte des Geheimdienstes *Securitate* zum Teil aus diesen ehemaligen Waisenkindern zu rekrutieren. Die Menschen, die durch den frühen Liebesentzug gefühl- und bindungslos gemacht worden waren, eigneten sich besonders zum Töten und Quälen anderer. Wer sich selbst nicht liebt, der tut sich schwer, andere zu lieben. Hass ist enttäuschte Liebe.

Die zärtlich sprechende, liebkosende und rund um die Uhr aufmerksame Mutter ist für den Säugling eine Art zweite Gebärmutter. Aber wo sie fehlt und nicht durch eine liebesfähige Bezugsperson – das kann auch der Vater, die Oma oder ein anderer liebender Mensch sein – ersetzt wird, erlebt das Kind-Ich einen emotionalen und körperlichen Zusammenbruch. Als einer der Ersten hat dies der in Wien geborene und als Jude in die USA emigrierte Arzt und Psychoanalytiker René A. Spitz (1878–1974) bei den von ihren Müttern getrennten Kindern in Waisenhäusern und Frauengefängnissen beobachtet. Die kleinen Kinder bekamen außer Essen und ärztlicher Versorgung keine Zuwendung. Keiner spielte und lachte mit ihnen, keiner nahm sie auf den Arm.

René Spitz beobachtete: „Die Entwicklung dieser Kinder zeichnet sich durch einen typischen Verlauf aus: Im ersten Monat werden die Kinder weinerlich und anspruchsvoll. Sie klammern sich gern an den Beobachter, sobald es ihnen gelungen ist, den Kontakt zu ihm herzustellen. Im zweiten Monat geht das Weinen oft in Schreien über, und es kommt zu Gewichtsverlusten. Im dritten Monat verweigern die Kinder den Kontakt und liegen fast den ganzen Tag bewegungslos in ihrem Bettchen. Der Gesichtsausdruck beginnt zu erstarren, Schlaflosigkeit und Gewichtsverlust verschlechtern den Gesundheitszustand. Nach dem dritten Monat wird der starre Gesichtsausdruck zur Dauererscheinung, die motorische Verlangsamung nimmt zu und endet in Lethargie." (Spitz, *Vom Säugling zum Kleinkind. Naturgeschichte der Mutter-Kind-Beziehung im ersten Lebensjahr*, 1972) Spätestens nach einem halben Jahr kommt es zum Hospitalismus. René Spitz: „Erstreckt sich der Liebesentzug bis zum zweiten Lebensjahr, so steigt die Infektionsanfälligkeit dieser Kinder stark an. Die körperliche Beeinträchtigung kann bis zum Tod des Kindes führen, denn die Sterblichkeitsquote bei den bedrohten Säuglingen war extrem hoch."

Eine mangelhaft liebesfähige Mutter ist natürlich immer noch besser als gar keine. Trotzdem schädigt sie das Kind oft über Jahrzehnte. Manuela (Name, wie alle folgenden im Buch, geändert) erfuhr durch ihre Mutter-Wunde eine verhängnisvolle Wirkung in ihrem Erwachsenenleben. Sie arbeitete als Führungskraft in einer Unternehmensberatung. Ich erlebte sie als eine Frau voller Widersprüche. Sie war herb, körperlich mager und knochig und sprach mit einer metallischen Stimme. Die promovierte Volkswirtin war erzgescheit, analytisch scharf und brillant artikulierend. Die 42-Jährige hatte zwei Ehen, eine gescheiterte Langzeitbeziehung und einen Suizidversuch hinter sich. Manuela war eine hektische Kettenraucherin und schlug sich mit ihrer Tablettensucht herum. Sie stürzte sich auf die Männer mit der tödlichen Wucht einer Bienenkönigin; sie klammerte sie total, um sie dann bei der ersten Beziehungskrise wieder abzustoßen. „Mich verlässt keiner mehr", bemerkte sie in der Sitzung, „ich diktiere jetzt die Spielregeln".

Begegnungen mit der Liebe hatte Manuela überwiegend als Foulspiele erlebt. Ihr Elternhaus war materialistisch und leistungsorientiert: „Oberflächlich fehlte es mir sicher an nichts. Erst Jahre später erkannte ich, dass das Entscheidende gefehlt hat. Ich hatte nie das Gefühl, dass meine Eltern mich auch lieben würden, wenn ich keine Leistung erbracht hätte. Es ist die bedingungslose Liebe, die mir gefehlt hat. Also Liebe unabhängig von Leistung. Sie waren beide nicht in der Lage, Gefühle zu zeigen. Ob mein Vater, der leider mit neunundvierzig Jahren starb, mich geliebt hat, ist mir nicht bekannt. Meine Mutter? Wenn sie mich liebt, so hat sie zumindest eine merkwürdige Art, mir das zu zeigen. Ich würde sagen, sie liebt mich nicht. Meinem Vater habe ich immer verziehen. Ihn habe ich geliebt. Meiner Mutter habe ich nie verziehen. Ich glaube, es gibt keinen Menschen auf der Welt, der einem so seelische Schmerzen zufügen kann wie die eigene Mutter. Aus diesem Grund sehe ich nicht die Möglichkeit, wieder zusammenzukommen. Sie hat zwischen mir und ihrem Freund gewählt und entschieden. Ich fühle mich eigentlich nach dem endgültigen Bruch erleichtert. Ich brauche nichts mehr zu erwarten. Ich habe eben keine Mutter mehr."

Natürlich kann man für das seelische Elend von Manuela nicht einseitig ihre Eltern in die Haftung nehmen. Das hieße die Freiheit des Menschen zu leugnen, sich von der schlechten Dramaturgie seiner Kindheit zu lösen. Außerdem dürften zwei derart zerstörerische Rabeneltern, wie Manuela sie mir anfänglich schilderte, eine Ausnahme sein. In der liebevollen Therapie mit Manuela, die auch den Besuch einer meiner Selbsterfahrungsgruppen mit einschloss, gewann sie denn auch Einsicht in die Tragik ihrer Mutter. Diese war ein uneheliches, von ihrer Mutter abgelehntes Kind gewesen. Sie war bei den Großeltern aufgewachsen, die sie als Last empfanden und behandelten. Sie musste heiraten, weil Manuela unterwegs war; die Ehe mit Manuelas Vater, einem im Winter häufig arbeitslosen Maurer, war freudlos. Trotzdem hatte diese „Rabenmutter", die als Verkäuferin in einer Drogerie arbeitete, finanziell und ideell dafür gesorgt, dass Manuela ein neusprachliches Gymnasium besuchen, das Abitur machen, studieren und promovieren konnte. War das nicht ihre *konkludente,* also stumm verlässliche Art gewesen, Manuela Liebe und Fürsorge zu geben?

Warum betone ich das? Wir dürfen die Eltern nicht zur Mülldeponie unserer Enttäuschungen und Schädigungen herabwürdigen. Hilarion Petzold, der Altmeister der Gestalt- und Integrativen Therapie, mahnt (in einem Vorwort des Buches *Ich liebe mich – ich hasse mich* von George R. Bach und Laura Torbet, 1985): „Wenn ... die negativen Einflüsse von Elterninstanzen in der Psychotherapie ernst genommen werden müssen, so ist es doch eine Einseitigkeit, ein neuer Mythos der Psychotherapie, die ganze Last seelischer Erkrankungen oder Beeinträchtigung von Lebensglück den Eltern zuzuschieben, den ‚Schweineeltern', wie sie von einigen Transaktionsanalytikern genannt werden. Ich halte das für unangemessen, ja schädlich, weil es dabei zu einer Entwertung der eigenen Vergangenheit kommt und die nährenden, stützenden Qualitäten der Eltern aus dem Blick geraten, wo es doch eigentlich lediglich um die Auseinandersetzung mit ihren Schattenseiten geht, mit den Regeln und Normen, die uns einengen, bedrängen und die sich allmählich von den Ursprungsstimmen (der des Vaters, des Lehrers) gelöst und zu eigenen Persönlichkeitszügen, Teilpersönlichkeiten verdichtet haben. So entsteht der *innere Zweifler,* der *Pessimist,* der *Spielverderber* usw."

Frage dich, liebe Leserin, lieber Leser, wie deine Mutter dein Ich beeinflusst hat. Vielleicht hast du Glück und du kannst, wie der Dichter Friedrich Hebbel (1813–1863), dankbar poetisch zurückblicken: „So dir im Auge wundersam/Sah ich mich selbst entstehen." Die Malerin Paula Modersohn-Becker (1876–1907) schrieb 1906 ihrer Mutter schlicht und zart: „Ich lege meinen Kopf in Deinen Schoß, aus welchem ich hervorgegangen bin, und danke Dir für mein Leben. Dein Kind."

Wenn Mutter mich geliebt hat, gab sie mir das Geschenk meiner eigenen Liebesfähigkeit. Die Liebe ist im Regelfall das mit unendlicher Aufopferung verwaltete Ressort der Mütter. Ich staune immer wieder, mit welcher Engelsgeduld und Hingabe junge Mütter ihre oftmals „kleinen Terroristen" aushalten, hegen und pflegen.

Die große Bildhauerin und Malerin Käthe Kollwitz hat in ihrem Werk bewegende Darstellungen von Müttern geschaffen, die in Not und Krieg ihre bedrohten Kinder im schützenden Mantel bergen. Sie war eine begeisterte und begeisternde Mutter voller Freude an ihren beiden Söhnen. Mit Schmerzen erlebte sie den unsinnigen Kriegstod ihres Sohnes Peter im Ersten und ihres Enkels Peter im Zweiten Weltkrieg. Wer einmal ihr Mahnmal der trauernden Elternfiguren auf dem Soldatenfriedhof im belgischen Roggevelde gesehen hat, kann diesen Stein gewordenen Archetyp der Eltern-Kind-Liebe nie mehr vergessen. In einer Tagebucheintragung notierte sie: „In der Nacht träumte ich wieder, ich hätte ein kleines Kind. Es war viel Quälendes in diesem Traum, aber auf ein Gefühl besinne ich mich: Ich hatte das ganz kleine Kindchen auf dem Arm und ich hatte ein Wonnegefühl in der Vorstellung, ich könnte es nun immer im Arm behalten, es würde ein Jahr werden und zwei, und ich brauchte es nicht fortzugeben". (in: *Ein Leben in Selbstzeugnissen*, Wiesbaden, ohne Jahresangabe)

Die Familie ist eine Oase oder eine Wüste, eine kreative Keimzelle oder eine strenge Prägeanstalt. Was ich im Wechselspiel mit meiner Familie erfahre, gestaltet mein Ich. Die Sippe wirkt, wie wir aus der systemischen Familientherapie wissen, oft als eine Art „Karma" über Generationen. Doch das familiäre Erbe ist kein unentrinnbares Schicksal. Der italienische Humanist Pico Della Mirandola (1463 – 1494) konstatierte (in *Über die Würde des Menschen*): „Religion, Familie und Gemeinschaft geben nur die Bühne ab – das Stück muss jeder selber schreiben." Wie das gelingt, ist eine andere Frage.

Kurt Tucholsky kam aus einer gutbürgerlichen Familie. Er, der Bruder Fritz und die Schwester Ellen wurden von der Mutter schikaniert. „Die übellaunige Tyrannin schrie: ‚Ich könnte wie ein Gott in Frankreich leben, hätte ich die verfluchten Bälger nicht‘". „Wir waren ein Nichts", erinnert sich Schwester Ellen. Der fleißige, geliebte Vater hatte zu Hause wenig zu sagen. Fünfzehnjährig musste Kurt dessen elenden Syphilistod erleben und sah fassungslos, dass die Mutter dem Sterbenden das schmerzlindernde Morphium verweigerte. Tucholsky, der bedeutende Zeitkritiker und Satiriker, war innerlich rastlos und zerrissen. Er ließ seine Liebesbeziehungen zerbrechen und beendete mit fünfundvierzig Jahren im schwedischen Exil sein Leben. In einem seiner Verse gestand er: „Tief unten knistert die Angst."

Der ehemalige Eiskunstläufer Hans-Jürgen Bäumler wurde von der Zeitschrift *Bunte* (7/2006) gefragt: „War Ihre Mutter wirklich so schlimm?"

Er antwortete: „Man wird nicht mit zehn Jahren Jugendmeister im Eiskunstlauf, wenn man keine Eltern hat, die vom Ehrgeiz zerfressen sind und davon träumen, dass das Kind Olympisches Gold holt. Bei mir gab es nur Schule, Training, Drill und Verletzungen, aber keine Liebe und kein Verständnis. Die Bundeswehr war gnädiger: Auf Grund meiner Rückenprobleme wurde ich für untauglich erklärt."

Die *Bunte* hakte nach: „Konnten Sie nicht Nein sagen?"

„In den 50er- und 60er-Jahren hat man gehorcht, es gab keine Widerrede. Mein Vater war in russischer

Kriegsgefangenschaft, meine Eltern geschieden. Ich war ein Einzelkind und hatte niemanden."

Die Schauspielerin Anouschka Renzi gestand nach dem Krebstod ihrer berühmten Künstlermutter Eva Renzi (in *Die Bunte*, 7/2006): „Meine Mutter war nie wirklich stolz auf mich, sie hat mich ihr ganzes Leben kritisiert. Ich war ihr nie perfekt genug … Es gab einmal ein Angebot für eine gemeinsame Theatertournee, das ich aber abgesagt habe, weil ich vorher wochenlang Albträume hatte. Ich hatte Angst, mit meiner Mutter auf der Bühne zu stehen. Sie hat mich ja schon kritisiert und analysiert, wenn ich nur zu Hause einen Text gelesen habe. Sie hat mich nie als eigenständige Person betrachtet, sondern wollte aus mir ihr Eigentum und Ebenbild machen. Sie hat sich auch sonst in mein Leben eingemischt. Ihr gefielen meine Freunde nicht, sie konnte meinen Mann nicht leiden. Sie hatte an allem etwas auszusetzen, auch an der Erziehung meiner Tochter."

Anouschka Renzi gesteht aber auch: „Ich habe mich mit meiner Mutter kurz vor ihrem Tod versöhnt, ich habe ihr alles verziehen und war in ihren letzten Wochen so nahe wie mein ganzes Leben nicht. Ich denke jeden Tag an sie, sie ist noch sehr präsent in meinem Leben, denn ich habe sie sehr geliebt. Ich sehne mich auch sehr nach ihr in meinen Träumen, aber ich vermisse sie nicht in meinem Leben. Dazu war unsere Beziehung zu kompliziert."

Das scheint in der Tat eine veritable und durchaus ehrbare Lösung zu sein: Die Einsicht, dass unsere Mutter- und Vaterbeziehungen, wie jede andere Liebesbeziehung auch, kompliziert und widersprüchlich sind.

Auch ein Zuviel an mütterlicher Liebe kann die Entfaltung des Ichs hemmen. Dazu sind mir besonders zwei Beispiele in Erinnerung. Im ersten Fall bezahlte Berthold, ein Ingenieur, die besitzergreifende Liebe seiner Mutter mit einer krankhaften Bindungsangst. Das Klima seiner Ursprungsfamilie war tragisch umschattet. Die Mutter, eine Krankenschwester, verlor den ersten Sohn, als dieser vier Jahre alt war, durch eine zu spät diagnostizierte Hirnhautentzündung. Der Schmerz über den Verlust saß tief in ihr. Doch schließlich bekam sie, von einer Hormonbehandlung unterstützt, das ersehnte zweite Kind, unseren Berthold. Sie hütete ihn wie einen Augapfel. Er durfte nicht mit anderen Kindern auf der Straße spielen. Dann warf sich Bertholds Vater, angesichts der drohenden Insolvenz seiner kleinen Firma, vor einen Zug. Die Mutter litt daraufhin unter Angstattacken, langjährigen reaktiven Depressionen und Zwangsneurosen: Sie suchte bei sich und ihrem Sohn ständig nach Krankheitssymptomen und war Stammgast in Arztpraxen. Sie verbarrikadierte sich, da sie ihren Beruf nicht mehr ausübte, mit ihrem Sohn in der Wohnung. Selbst das gemeinsame (!) Schlafzimmer verriegelte sie nachts mit einem speziellen Sicherheitsschloss.

Berthold erinnert sich: „Meine Mutter wusch mich noch mit sechzehn Jahren in der Badewanne und säuberte die Vorhaut meines Penis. Sie überwachte meine Keuschheit, indem sie ein Geschrei über Spermaflecken auf meinem Bettlaken erhob. Sie sabotierte, als ich achtzehn war, meine erste Liebesanbahnung mit einem Mädchen, indem sie es aus dem Haus schmiss und mir Telefonverbot erteilte. Umgekehrt tat sie alles für mich. Sie verwöhnte mich mit Essen, Kleidern, Büchern und Spielsachen. Ihr ganzes Leben drehte sich um den ‚Hausschatz‘, wie sie mich nannte." Noch in der Studienzeit wohnte Berthold in der Wohnung der Mutter. Er musste penibel Rechenschaft ablegen, wenn er mit Studienfreunden ein Wochenende außerhalb verbrachte.

Als Berthold mit achtunddreißig Jahren zu mir kam, hatte er drei langjährige Liebesbeziehungen mit eindrucksvollen Frauen hinter sich. Er sprach gut von ihnen. Er verdankte ihnen vieles. Aber alle Beziehungen scheiterten am Ende daran, dass er sich weder zu einer Heirat noch für ein Kind zu entscheiden vermochte. Berthold war ein gradliniger Charakter, kein Don Juan. Ihm selbst war sein „Verrat" an seinen Freundinnen, wie er es nannte, unerklärlich. Außerdem steuerte er auf die Lebensmitte zu. Er bekam Torschlusspanik. Eigentlich hatte er davon geträumt, eine Frau zu finden, mit ihr zwei Kinder zu zeugen und ein biologisches Holzhaus zu bauen. Ein von Berthold beiläufig hingeworfener

Satz brachte uns auf die analytische Spur. „Frauen saugen dich aus", bemerkte er.

„Alle Frauen?", fragte ich. „Aber sicher, das weiß doch jeder", war seine Antwort, die er mit einem komplizenhaften Lächeln begleitete. Ich als männlicher Therapeut, so meinte Berthold wohl, müsse diese Binsenwahrheit doch begreifen. Doch es war seine ureigene Mutter-Wahrheit: die Erfahrung des jungen Berthold mit der fürsorglichen Belagerung durch seine seelenkranke Mutter. Die nicht bearbeitete traumatische Erfahrung des mütterlichen Missbrauchs samt seiner inzestuösen Anteile führten bei Berthold zu einem generalisierten Misstrauen gegen a l l e Frauen. Er hatte Angst vor ihrem vermeintlich totalen Zugriff. Eine Frau war für ihn eine Besatzungsmacht. In der Therapie holte der liebenswerte, aber aggressionsgehemmte Berthold die Ablösung von seiner Mutter in Trauer, Wut und Versöhnung nach. Später konnte er schließlich auf eine Frau zugehen und tatsächlich ganz altmodisch um ihre Hand bitten. Die Liebe ist ein Kind der Freiheit.

Der Philosoph Ludwig Feuerbach (1804–1872) postuliert (in *Das Wesen des Christentums*) deutlich: „Die höchste und tiefste Liebe ist die Mutterliebe." Wen immer wir im Leben lieben, wir suchen dabei die ursprüngliche paradiesische Verschmelzung mit der Mutter. Sie ist jedoch nicht wiederholbar. Weil die Symbiose zwischen Mutter und Kind so brunnentief ist und wir dieser ersten Geliebten unseres

Lebens so bedingungslos ausgeliefert sind, stehen wir auch so machtlos ihren Verführungen und ihren dunklen Seiten gegenüber.

Welche meterdicken Schichten die Mutterdeformation eines Erwachsenen-Ichs hat, ist mir bei Britta deutlich geworden. Die siebenundvierzigjährige Kindergärtnerin jammerte: „Ich bin arbeitslos. Im Kindergarten wurde ich von den Kolleginnen gemobbt. Ich habe einen Hörsturz erlitten. Ich bin seelisch auf dem Nullpunkt." Britta gab ein Bild kompletter Hilflosigkeit ab. Hungern musste sie nicht, denn ihr Mann Gerd (52) verdiente genügend als selbstständiger Masseur. Kinder hatte das Paar keine. In der Ehe der beiden kriselte es allerdings. Gerd war das Jammern seiner Frau, das nun schon zwei Jahre währte, leid. Er flüchtete sich in den Sport und in Vereinsaktivitäten. Zwischen ihm und einer Vereinskameradin knisterte es vernehmlich. Das machte Britta erst recht depressiv. Zärtlichkeit und Sexualität waren zwischen ihr und Gerd erloschen. Britta fühlte sich sinnlos, wertlos und ohne Zukunftsperspektive. „Ich habe", klagte sie mit düsterer Miene und etwas vulgär, „die Arschkarte gezogen".

Meine Ermutigungen und Vorschläge wehrte sie durchweg mit einem enervierenden „Ja, aber" ab. Natürlich empfahl ich Britta eine berufliche Alternative, sich ehrenamtlich zu engagieren, etwas Neues zu lernen oder ein seelenfüllendes Hobby zu entdecken. „Das kann ich nicht", war bei jedem Vorschlag ihre stereotype Antwort. In der Psychotherapie empfehlen wir in einem solchen Fall, die Formulierung „Ich kann nicht" durch die Wendung „Ich will nicht" zu ersetzen. Dann hat der Klient nämlich wieder Lufthoheit über sich: Er muss sich mit seinem inneren Widerstand auseinandersetzen, anstatt die Schicksalhaftigkeit seiner Situation, die angebliche Festgelegtheit seines Charakters oder gar das „schlechte Karma", zu beklagen. Doch was war Brittas Problematik?

Britta litt an einem Syndrom, das die Psychologie die *Erlernte Hilflosigkeit* des Ichs nennt. Es ist der mangelnde Glaube an die eigene Effizienz und Intelligenz, die Kapitulation des Willens. Das Gegenteil von Erlernter Hilflosigkeit ist das *Bewältigungsverhalten*. Die amerikanische Sozialwissenschaftlerin Nicky Marone beschreibt in ihrem Werk *Erlernte Hilflosigkeit überwinden* (1994): „Der Preis der Hilflosigkeit reicht von kleinen Unannehmlichkeiten bis dahin, dass man die wichtigsten Chancen im Leben verpasst ... Bewältigungsverhalten ist ebenfalls weit gespannt, angefangen damit, dass eine Frau lernt, wie sie ihren Videorecorder benutzt, über die Fähigkeit, einen Sackgassenberuf aufzugeben, bis dahin, den miesen Kerl rauszuwerfen, der sie geschlagen hat."

Mit dieser Form von Hilflosigkeit wird kein Mensch geboren. Sie ist erworben – in der Regel, weil dem

Betroffenen ein eigenes Bewältigungsverhalten nicht zugetraut wurde oder weil diese „Überlebensstrategie" von einem Vorbild abgeschaut wurde. Das war in Brittas Fall die entscheidende therapeutische Erkenntnis: Ihre Mutter, trotz eines einzigen Kindes ein Leben lang Hausfrau, war eine sich hilflos gerierende Frau. Sie verschanzte sich im Haushalt. Sie hatte sich, mit neunzehn Jahren verheiratet, keine Ausbildung zugetraut und die Last des „feindlichen Lebens" (Schiller) den Mann tragen lassen. Genau so hatte sie auch ihre Tochter Britta in einen wattigen Kokon der Schonung gehüllt.

Eigentlich wollte Britta das Abitur machen und Kinderärztin werden. Stattdessen brach sie, als sich Schulschwierigkeiten in den naturwissenschaftlichen Fächern zeigten, das Gymnasium zwei Jahre vor dem Abitur ab und ging auf eine Hauswirtschaftsschule. „Britta", so befand die Mutter, „ist konstitutionell zu zart für Abitur und Studium." Britta wurde Erzieherin. Sie kränkelte häufig. Sie scheute auch davor zurück, sich zur Leiterin einer Kindertagesstätte zu qualifizieren.

„Britta", so deklarierte die Mutter wiederum, „braucht einen robusten Mann, der sie durchs Leben trägt". Der fand sich dann auch in der Gestalt des tüchtigen Gerd. Nach einer Fehlgeburt traute sich Britta jedoch keine Kinder mehr zu und ließ sich sterilisieren. Gerd übernahm stellvertretend den Lebenskampf für Britta: Eine klassische *Kollu-*

sion. Sie stellt beispielsweise, wie ich es in meinem Buch *Das Geheimnis der Partnerwahl* beschreibe, das neurotische Zusammenspiel zwischen einem Helfer und einer Hilflosen, einem Lebenstüchtigen und einer (erlernten) Hilflosen dar.

Was tun? Ich beschloss, das Kind beim Namen zu nennen und in der Therapie mit Britta das Syndrom der *Erlernten Hilflosigkeit* gemeinsam und offensiv durchzuarbeiten. Es funktionierte. Besonders beeindruckt zeigte sich Britta von einem Passus in Nicky Marones Buch, der da lautet: „Auf Grund eines komplizierten Zusammenspiels von Biologie und Kultur glauben Frauen weiterhin an ihr ‚Recht‘, aus riskanten oder gefährlichen Lebensumständen wieder gerettet zu werden … Eine physische Einschüchterung oder einen körperlichen Angriff abzuwehren, sich mit defekten Maschinen herumzuschlagen oder sich aus einer Schneewehe zu befreien, aufs Dach zu klettern, um den Sturmschaden zu begutachten, oder auf eine alte Eiche, um dort abgestorbene Zweige abzusägen, aufzustehen, um nachzusehen, was das Geräusch mitten in der Nacht verursacht hat – das sind alles Dinge, die gewöhnlich Männer für uns tun werden. Zum größten Teil sind wir froh darüber.“

Britta begriff den entscheidenden verhaltenstherapeutischen Grundsatz: Nur indem man das Neue wagt, verliert man die alte Angst. Das hatte ihre Mutter nicht verstanden. Das war ihr *Schatten*

(C. G. Jung). Der Mensch hat letztlich, was immer auch einige Gehirnforscher behaupten mögen, Willensfreiheit. Jeder verfügt, wie der Psychiater Erwin Ringel es formulierte, über die „Trotzmacht des Geistes". Mit Nicky Marone zu sprechen: „Der einzige Weg, der hinausführt, geht mittendurch. Sie können nicht Skifahren lernen, indem Sie darüber etwas lesen. Sie müssen sich die Bretter unter die Füße schnallen und auf ihnen einen Abhang hinuntergleiten."

Britta analysierte jetzt, warum sie auf Grund ihrer muttergeprägten Jammerei und „Beißhemmung" zum prädestinierten Opfer des Mobbing geworden war. Vor allem aber schnallte sie sich nun „die Bretter unter", indem sie eine Ausbildung in Ayurvedischer Massage machte. Diese praktizierte sie dann im Studio ihres Mannes. Sie verdiente wieder eigenes Geld. Britta gewann Selbstvertrauen und ein lustvolles Bewältigungsverhalten. Zu meiner Verblüffung berichtete sie mir: „Seit ich selbstständig arbeite, ist meine Mutter mächtig stolz auf mich." Auch Mütter (und Väter) können dazulernen.

Alles Ursprüngliche im Kind ist mit dem Mutterbild verschmolzen. Die seelische Atmosphäre der Mutter imprägniert gleichsam das Ich der Tochter oder des Sohnes. Die Mutter ist in einem tiefen mythischen Sinn der spendende Urgrund des Lebens. Nicht umsonst sprechen wir von „Mutter Erde". Goethe bekundete dies am 10. Januar 1830 seinem

Freund Eckermann mit den ehrfurchtsvollen Worten: „Die ewige Metamorphose des irdischen Daseins, des Entstehens und Wachsens, des Zerstörens und Wiederbildens ist also der Mütter nie aufhörende Beschäftigung. Und wie nun bei allem, was auf der Erde durch Fortzeugung ein neues Leben erhält, das Weibliche hauptsächlich wirksam ist, so mögen jene schaffenden Gottheiten mit Recht weiblich gedacht, und es mag der ehrwürdige Name Mutter ihnen nicht ohne Grund beigelegt werden."

Eine Mutter ist der einzige Mensch auf der Welt, der dich schon liebt, bevor er dich kennt.

Der Vater

Wie das Kind im embryonalen Zustand fast nichts anderes ist als ein Teil des mütterlichen Körpers und ganz von dessen Zustand abhängt, so ist auch die frühinfantile Psyche gewissermaßen nur ein Teil der mütterlichen Psyche, bald auch, wegen der gemeinsamen Atmosphäre, ein Teil der väterlichen Psyche.

C. G. Jung
Gesammelte Werke 17, 65

Es besteht also, wie der Bindungsforscher John Bowlby schreibt, kein Zweifel, „dass Mutterliebe während der Säuglingszeit und Kindheit für die seelische Gesundheit ebenso wichtig ist, wie es Vitamine und Proteine für die körperliche sind" (in *Frühe Bindung und kindliche Entwicklung*, erstmals 1953). Doch wie sieht die Formung des Ichs durch den Vater aus?

Extrem intensiv ist die väterliche Prägung für den Sohn, weil es sich psychologisch um eine gleichgeschlechtliche Identifikation handelt. Der Vater ist für den Sohn normgebender und verbindlicher als die Mutter. Der Sohn kann ihr weibliches Schicksal nicht teilen. Die Mutter ist kein Kompass für ihn. Er will und muss ein Mann werden. In diese außerordentliche und konflikthafte Dynamik tritt der Sohn bereits im zweiten und dritten Lebensjahr ein, wenn er sich aus der Verschmelzung mit der Mutter löst

VATERGLÜCK. VATERWUNDE

und langsam eine Ich-Identität ausbildet. Ab diesem Zeitpunkt bewegt er sich in einem Spannungsfeld, das immer stärker wird: Hier das väterliche Vorbild, dort die Erringung der eigenen Andersartigkeit und Autonomie.

Anders als etwa die Schwester profitiert der Sohn weit mehr durch Nachahmung des väterlichen Vorbildes und durch Opposition dagegen. Er lehnt sich zunehmend an den Vater an und konkurriert gleichzeitig mit ihm, während die Schwester immer mehr die Mutter imitiert und sich zugleich von ihr differenziert. Der Vater-Riese ist für das kleine Ich des Sohnes zunächst ein Gottvater. Er ist in der Regel körperlich der Stärkste im Familiensystem und auch heute noch meist der Haupternährer. In der religiösen Projektion ist er der, der uns „unser täglich Brot" gibt. Ein Sohn lebt im Widerspruch zum Vater. Er verehrt ihn und wetteifert mit ihm. Er will ihm nachfolgen, ihn einholen und überrunden. Ich selbst werde nie den Augenblick in meinem Leben vergessen, als ich erstmals monatlich mehr verdiente als mein Arztvater. Das tat dem kleinen ödipalen Mathias in mir gut. Das armselige Geld galt mir in dieser Phase meiner Individuation tatsächlich als emotionaler Gradmesser für Stärke und Hierarchie. Jetzt hatte ich es ihm gezeigt – obwohl er doch längst tot war!

Starke oder schwache Väter – das Ich des Sohnes schärft sich an ihnen. Der Theologe und Psychoanalytiker Eugen Drewermann enthüllt in seinem Werk *Tiefenpsychologie und Exegese* (1989) eine einfache, aber dennoch fundamentale Wahrheit: „Das ist das ganze Geheimnis eines Kindes, das uns durch sein bloßes Dasein nötigt, es zu lieben, und dass es davon lebt, für nichts geliebt zu werden." Was ist also geschehen – und was ist zu tun –, wenn ein erwachsener Mann die unsichtbare Wunde der Vaterentbehrung in sich trägt?

Frank war so ein Fall. Sein vatergeschädigtes Ich verbarg sich allerdings hinter einem Wust von Emotionen. Der siebenundvierzigjährige Jurist kam zu mir, weil er, wie er sagte, „im Betrieb und in der Familie nur auf Aggression und Widerstand" stoße. Diese Aussage machte mich stutzig. Konnte es sein, dass sein Chef in der Kanzlei, seine Ehefrau, eine beruflich erfolgreiche Architektin, und seine beiden Söhne, am Beginn des Studiums stehend, allesamt aggressiv waren? Das wäre doch eine seltsame Ansammlung von schwierigen Charakteren rund um das arme Opfer Frank gewesen. Ich besann mich auf das Sprichwort „Wie man in den Wald hineinruft, so schallt es heraus" und begab mich mit dem widerstrebenden Frank auf Spurensuche.

Natürlich leistete er Widerstand. Es ging um *aufdeckende* Psychotherapie, genauer gesprochen, um die Aufdeckung seines *Schattens*. Der negative Schatten ist (nach C. G. Jung) all das, was in unser idealisiertes Selbstbild nicht passt und was wir deswegen ba-

48

gatellisieren, verdrängen, verleugnen. In Franks Fall war es seine Hassliebe auf den Vater.

Franks Mutter hatte fünfunddreißig Jahre zuvor ihren Ehemann Eberhard zum Teufel gejagt, als sie entdecken musste, dass er sie seit Jahren mit einer anderen Frau betrog. Franks Vater hatte sich aus einfachen Verhältnissen zum Immobilienmakler hochgearbeitet, sich mit den Attributen des Reichtums umgeben, einen schicken Sportwagen gefahren und, um es milde zu formulieren, die karg bemessene eheliche Erotik außerhalb nachgeholt. Vater Eberhard verschwand rund zehn Jahre aus dem Leben seines Sohnes. Zwischen dem zehnten und zwanzigsten Lebensjahr war Frank vaterlos.

Frank und seine jüngere Schwester Susanne waren erbittert. Susanne ist es bis heute geblieben. Sie hat nie wieder ihren Vater, der von Süddeutschland fünfhundert Kilometer weiter nach Norden zog, besucht. Sie hat den Vater aus ihrem Leben gestrichen. Susanne hat sich, wie Frank mir gegenüber andeutete, aus dem Vaterdesaster eine Männerfeindschaft extrahiert; sie hält ihren schwächlichen Ehemann an der Kandare.

Anders war es bei Frank. Er, der dringend einen Vater gebraucht hätte, um seine Männlichkeit zu entwickeln – seine Mutter blieb Single –, beschaffte sich nach dem Abitur die Adresse des Vaters. Er suchte ihn in der Euphorie des bestandenen Examens unangemeldet auf. Frank: „Ich wollte es meinem Vater zeigen! Der hatte nämlich kein Abitur. Ich wollte ihm demonstrieren, dass ich schlauer war als er. Ich hasste ihn, weil er mich ein Jahrzehnt lang nicht ein einziges Mal besucht, keinen Brief geschrieben, kein Geschenk geschickt hatte. Aber ich sehnte mich zugleich nach seiner väterlichen Anerkennung."

Die Begegnung verlief fürchterlich. Frank rivalisierte mit dem Vater. Er trat überheblich auf. Der Vater Eberhard schlug psychologisch zurück. Er war abweisend. Er nahm sich kaum Zeit für seinen Erstgeborenen. Auch seine neue Frau war frostig. Frank: „Die beiden hatten achtjährige Zwillinge. Sie machten ein Affentheater um sie. Die Zwillinge waren der Mittelpunkt ihres Lebens. Ich fühlte mich ein zweites Mal entthront und verstoßen."

Was hat dies alles mit Franks Mobbinggefühlen zu tun? Sehr viel. Die Beziehung zwischen Frank und Vater Eberhard war in den darauf folgenden fünfundzwanzig Jahren eine Achterbahn der Gefühle. Frank tat unbewusst alles, um den finanziell erfolgreichen Vater zu übertreffen. Er wurde ein Ellenbogenmensch. Was sich ihm in den Weg stellte, räumte er beiseite. Im Studium bereits war er ein Streber. In der Kanzlei rackerte er sich verbissen hoch. Er scheute vor keiner Intrige und keiner Aggression zurück. Ja, er definierte sich geradezu über solch unsoziales Verhalten. Frank: „Die Welt ist gemein.

Entweder bist du Amboss oder Hammer. Du musst dich entscheiden. Rücksichtnahme ist etwas für Schwache."

Mit dieser „Übermenschphilosophie" machte sich Frank allerorts Feinde. Schnell bestand seine Welt nur noch aus Gegnern. In seinem tüchtigen Chef sah Frank, wie sich in der Therapie herausstellte, eine Art Übervater. Der Chef war erfolgreich wie sein Vater, aber auch ebenso kurz angebunden und gefühlsabweisend. Anstatt ein kooperatives Verhältnis zu seinem Chef zu entwickeln und als Jüngerer um ihn zu werben, verlegte sich Frank auf Kampf – und bekam Keile zurück. Diesen Zusammenhang begriff er überhaupt erst in der therapeutischen Arbeit. Genau die gleiche neurotische Grundhaltung, entstanden aus dem Schmerz seiner Kindheit, praktizierte er gegenüber seiner Frau und den Söhnen.

In der Therapie lernte Frank, über seine Vaterwunde zu weinen. Er wurde weich. Es wurde ihm bewusst, dass er seinen Vater nie in sein Herz gelassen hatte. Frank nahm an einer vertiefenden therapeutischen Männergruppe in meiner Praxis teil. Intensiv wie im Schleudergang einer Waschmaschine bearbeiteten wir in der Gruppe das Vaterthema. Kurz darauf war Frank reif für die entscheidende Begegnung mit seinem Vater. Sie unternahmen zusammen eine Autofahrt an die Brandenburger Seenplatte.

Das Vater-Sohn-Wunder, das sich immer wieder ereignet, wenn sich die Herzen öffnen, geschah. Frank berichtete mir: „Es war ein wunderschönes Wochenende, der Himmel wolkenlos blau, die Julisonne wärmte. Wir fanden ein hübsches Hotel am Wasser. Wir aßen. Wir spazierten. Wir schwammen. Nach dem Abendessen haben wir bei zwei Flaschen Rotwein bis drei Uhr nachts geredet. Vater erzählte mir sein Leben. Seine Schwierigkeiten mit meiner Mutter, seinen Neuaufbruch, seine Minderwertigkeitskomplexe als geheimen Antrieb seiner Karriere. Über seine Sehnsucht, einen guten Sohn zu haben, seinen Kummer und seine Wut über meine ständigen Aggressionen. Er bat mich für sein langes Schweigen um Verzeihung. Sicher hat auch der Alkohol die Wahrheit in uns gelöst und erlöst. Um drei Uhr nachts erhoben wir uns von unseren Hotelsesseln. Wir schlossen uns in die Arme. Wir weinten vor Freude. Jetzt weiß ich, dass er mich liebt. Ich habe wieder einen Vater. Ich muss weder einen Krieg gegen ihn noch meinen Chef und meine Familie führen. Ich bin im Frieden." Frank hatte sein gekränktes Ich geheilt.

Natürlich geht eine Vater-Sohn-Konfrontation nicht immer gut aus. Es kann auch tragisch verlaufen, indem das Vater-Ich kompensatorisch das Sohn-Ich in seine Schablone zwängt. Michael, ein siebenundvierzigjähriger katholischer Priester, hatte das erlebt. Er kam zu mir, weil er unter seinem geistlichen Beruf und der Unwürdigkeit seiner im Verborgenen gelebten Liebe zu einer Frau litt. Michael war ein gebildeter, musikalisch und zeichnerisch ambitionierter Mann, sensibel und von mädchenhafter Weichheit. Diese hatte er von seinem Vater und sie wurde ihm zum Verhängnis.

Michael berichtete mir: „Mein Vater konnte sich im Leben nicht durchsetzen. Er stammte aus einer armen Kleinbauernfamilie mit sechs Kindern. Er wäre so gerne Pfarrer geworden. Aber auf Grund der Armut konnte er keine höhere Schule besuchen. So wurde er ein kleiner Verwaltungsangestellter an einer kirchlichen Behörde. In seiner Freizeit amtierte er als Küster in der heimatlichen Dorfkirche. Früher war er Messdiener gewesen. Er leitete einen marianischen Gebetskreis und beschäftigte sich viel mit theologischer Lektüre. Als ich als einziger Sohn auf die Welt kam, sagte er zu meiner Mutter: ‚Das ist unser Erzengel Michael. Er soll einmal Priester werden.' Diesen Wunsch habe ich ihm erfüllt."

Man nennt diese psychologische Erbfolge eine *narzisstische Delegation*. Ein selbst erfolgloser Vater kann die Kränkung seiner Benachteiligung nicht verarbeiten. Er delegiert deshalb an den Sohn die Aufgabe, so zu werden, wie er selbst immer werden wollte. Das geschieht meist unbewusst. Michaels Vater baute im Zimmer seines Sohnes einen Marienaltar auf, er gewann ihn zum Dienst als Messdiener. Er unternahm mit ihm eine Pilgerfahrt nach Lourdes. Er schenkte ihm eine prunkvolle, reich illustrierte Bibel. Er zahlte ihm den Orgelunterricht, obwohl die Finanzen in der Familie knapp waren und da noch drei jüngere Schwestern waren, die hinter diesen Ambitionen zurückstehen mussten. Michael fühlte eine Ambivalenz zu seinem Vater:

„Ich genoss es natürlich, dass ich sein Lieblingskind war. Seine Augen leuchteten, wenn ich nach Hause kam. Er tat alles für mich. Ich war sein kleiner Abgott. Aber er dirigierte mich unaufhörlich in seine Richtung. Eigentlich wollte ich Klavierspielen lernen. Ich war ein zarter Junge und hatte Minderwertigkeitskomplexe. In der Klasse war ich eher ein Außenseiter. Mit dem Klavier bricht man doch sprichwörtlich die Herzen der stolzesten Frauen. Ich wäre der Mittelpunkt oder doch zumindest ein attraktiver Junge in der Clique gewesen. So saß ich nachmittags am Orgeltisch in einer kalten Kirche und spielte allein vor mich hin. Die Klassenkameraden und, was noch viel weher tat, die Mädchen gaben mir den Spitznamen ‚der Pastor‘. Eigentlich wäre ich auch viel lieber Studienrat geworden für Musik, Kunst und Deutsch, aber ich wollte Vater nicht enttäuschen. Obwohl ich mich schon im Priesterseminar in eine zehn Jahre ältere Frau verliebte und ein sexuelles Verhältnis mit ihr unterhielt, habe ich mich nicht getraut, die theologische Ausbildung abzubrechen und meinen eigenen Weg zu gehen. Auch meine Glaubenszweifel wage ich mir bis heute nicht richtig einzugestehen. Trotz und gerade wegen meines Priestergewandes fühle ich mich als der unfromme Sohn eines frommen Vaters. Ich bin zum Kotzen brav."

Zum Kotzen brav! Goethe schreibt dazu (in *Dichtung und Wahrheit*, I, 1): „Es ist ein frommer Wunsch aller Väter, das, was ihnen selbst abgegangen, an den Söhnen realisiert zu sehen, so ungefähr, als wenn man zum zweiten Mal lebte und die Erfahrungen des ersten Lebenslaufes nun erst recht nutzen wollte." Derartige Wünsche können, so zeigt das Schicksal Michaels, gefährlich sein. Sie mutieren zum Seelenmord. Friedrich Nietzsche warnt (in *Menschliches, Allzumenschliches*): „Die unaufgelösten Dissonanzen im Verhältnis von Charakter und Gesinnung der Eltern klingen in dem Wesen des Kindes fort und machen seine innere Leidensgeschichte aus."

Das männliche Ich kann auch an einem zu großen Vater zerbrechen. August von Goethe, der schwache Sohn des starken „Olympiers", starb in Italien an den Folgen seiner Trunksucht. Friedrich von Schillers zweitältester Sohn Ernst maß sich ein unglückliches Leben lang mit dem väterlichen Phantom, der vermeintlichen Lichtgestalt ohne Fehl und Tadel. Indem er seinen Vater blindlings bewunderte, wurde er ein Teil von ihm und verleibte sich gleichsam dessen Ruhm ein. In der Psychologie nennt man so einen Menschen einen *Komplementärnarzissten* (Jürg Willi). Statt sich eine eigene, wenn auch nicht so grandiose Identität anzueignen, die Idealisierung des Vaters aufzugeben und sich abzugrenzen, bleibt der Sohn lebenslänglich anbetend zu Füßen des Vaters. Er ist väterlich gebunden und unfrei. Entwicklungspsychologisch durchaus angemessene Aggressionen auf das erhöhte Vaterbild richtet der Sohn gegen das eigene Ich. Ängstlichkeit, Gehemmtheit, schwaches Selbstvertrauen und neurotische Gier nach Anerkennung (wie beim ‚Eitlen' in Saint-Exupérys Erzählung *Der kleine Prinz*) bestimmen seine schwache „geliehene" Persönlichkeit.

Die Schriftstellerin Hilde Lehrmann, die zu Ernst Schiller ein „Psychogramm in Briefen" herausgegeben hat (*Schillers Sohn Ernst*, 2002), beschreibt deutlich den Vaterfuror und die Mutterprojektion nach dem Tod Friedrich von Schillers: „Für die Kinder war der Vater in den Olymp aufgestiegen und tafelte mit den Göttern. Denn nach Ansicht seiner liebenden Frau war er schon zu Lebzeiten ein Gott geworden, an dem kein Mensch jemals würde heranreichen können, obwohl sie ihn gar zu gerne im kleinen Ernst wiedererstanden gesehen hätte. Sie glaubte zwar nicht an ihres Sohnes Genie, doch wünschte sie sehnlich, daran glauben zu können. Eine verzwickte Lage für einen Jungen, der seine Mutter liebt."

Ernst von Schillers Ich ist in seinem kurzen Leben (1796–1841) diesem monumentalen Vaterbild und Mutterauftrag nicht gewachsen. Ernst kompensiert seine Schwäche mit militaristischem Gebaren. Zehn

Jahre vor seinem Tod, 1831, schreibt der mäßig erfolgreiche Jurist bitter an seine Frau: „Sonderbar, fast als Hausfreund trete ich auf in Palästen der Fürsten: Gerichtshöfe und Regierungen schildern mich als eine Perle; dennoch bleibe ich Landgerichtsrat! Und nun verschwindet noch gar die Aussicht auf Krieg, der wenigstens möglicherweise ein tatenreiches Leben ermöglicht hätte!" Ein Jahr später schreibt er, wiederum an seine Frau, die vierzehn Jahre ältere Bonnerin Magdalena von Masteaux, martialisch: „Wer dem Tod ins Auge schauen kann,/Der Soldat allein ist der freie Mann!" Doch, wie Hilde Lehrmann kommentiert: „Die große Karriere, die er so leidenschaftlich erstrebt, wird wegen seines jämmerlichen Gesundheitszustandes nicht gelingen. Er wird sein Erbe an kein eigenes Kind weitergeben können."

Das schwache Ich des ewigen Sohnes Ernst kann sich dem Sog von Mutter Charlotte und Mutter-Frau Magdalena nicht entziehen. Er wünscht schließlich, bei seiner Mutter begraben zu werden. Der Schlussakkord dieses Lebens ist denn auch nachgerade tragikomisch. Hilde Lehrmann berichtet: „Der Platz neben dem Sarg der Mutter reichte nicht aus. So setzte man Ernsts Sarg auf den Sarg der Mutter. Da brach der alte Sarg unter der Last des neuen zusammen, so dass Ernsts Sarg in die Gebeine der Mutter sackte. ,Jetzt ruhen die Überreste der Mutter und des Sohnes mit dem Grab vereinigt', beschrieb die Kölnische Zeitung diese inzestuös drangvolle Lage der beiden euphemistisch."

Ähnlich schüchterte das überstarke Ich Thomas Manns den ungeliebten Sohn Golo ein. Er blieb zeitlebens, trotz seines Erfolges als brillanter historischer Erzähler, eine merkwürdig verschattete, zu Melancholie und Depressionen neigende Existenz, über die ihn auch seine tiefen männlichen Liebesbeziehungen nicht hinwegbrachten. Erst nach dem Tod des Vaters und aus seinem Schatten tretend, reüssierte er als bedeutender Publizist, Redner und Zeitkritiker. Jahre verbrachte Golo Mann im Zürcher Vaterhaus in der Alten Landstraße 39, an dessen Klingel immer noch „Thomas Mann" stand. Der Historiker harrte an der Seite der dementen Mutter, der „lebenden Toten", des „vieux monstre", des *alten Monsters*, wie er sie nannte, aus. Sein Grab bestimmte Golo Mann abseits des Familiengrabes auf dem Kilchberger Friedhof – weit weg von Vater und Mutter.

Söhne leiden und stärken sich am Vater. In seinem weltberühmt gewordenen *Brief an den Vater* rühmt der Dichter Franz Kafka beeindruckt die Positivität seines erfolgreichen Vaters, der sich aus kleinen Verhältnissen zum Millionär hocharbeitete. Er nennt seine „Stärke, Gesundheit, Appetit, Stimmkraft, Redebegabung, Selbstzufriedenheit, Weltüberlegenheit, Ausdauer, Geistesgegenwart, Menschenkenntnis, eine gewisse Großzügigkeit". Er macht, anders als wir oft in unserer Unversöhnlichkeit, den Vater nicht klein. Er erinnert auch an die besonders komplizierte Geschwisterkonstellation, die ihn, den

Sohn, zum besonderen Angriffsobjekt des Vaters machte: „Nur eben als Vater warst Du zu stark für mich, besonders da meine Brüder klein starben, die Schwestern erst lange nachher kamen, ich also den ersten Stoß ganz allein aushalten musste, dazu war ich viel zu schwach."

Kafka macht den Vater auch nicht zum Verbrecher, er unterstellt ihm im Gegenteil sogar gute Motive, aber schlechte pädagogische Instrumente: „Du kannst ein Kind nur so behandeln, wie Du eben selbst beschaffen bist, mit Kraft, Lärm und Jähzorn, und in diesem Falle schien Dir das auch noch überdies deshalb sehr gut geeignet, weil Du einen kräftigen mutigen Jungen in mir aufziehen wolltest."

Kafkas Männlichkeit blieb unentfaltet unter diesem autoritären Vater. Der geniale Schriftsteller war privat zeitlebens ein Zauderer und Zögerer. Er hätte wohl dem vatergeschädigten Kollegen Hermann Hesse zugestimmt, der notierte: „Es zeigt sich, eine wie starke Macht der Konflikt zwischen Väter und Söhnen ist, dieser Hass, diese in Hass umgeschlagene Liebe. Bei lebhaften und begabten Naturen bleibt dieser Konflikt selten aus, die Weltgeschichte ist voller Beispiele."

In meiner Praxis bin ich andererseits immer wieder gerührt, wenn Männer mir berichten, wie ihr Vater ihr Ich gekräftigt und durchsonnt hat. Walters Bericht mag stellvertretend für viele stehen. Lassen wir den vierundfünfzigjährigen verheirateten Maschinenbauingenieur, der heute in den USA lebt, selbst zu Wort kommen: „Meine Eltern hatten eine lebendige Ehe. Sie liebten sich und fanden sich toll. Meine Mutter führte, aus elterlichem Besitz, eine stattliche Drogerie, mein Vater war ein erfolgreicher Gießereibesitzer. Sie liebten meine Schwester und mich. Weil sie beide berufstätig waren, hatten wir Kinder viel Freiraum. Da wir die Kinderjahre über der Drogerie wohnten, standen wir im ständigen Kontakt mit Mutter. Vater zeigte meiner Schwester und mir, besonders aber mir, einfach alles. Wie man Sandburgen baut, ein Baumhaus errichtet, Fahrradfahren und Schwimmen lernt, wie man einen Radiotransistor zusammenbaut, einen Drachen bastelt, Fußball spielt, Zeltstangen zusammenfügt, ein Kanu im Wildwasser steuert, Selbstverteidigung übt, Sachbücher durcharbeitet und Ziehharmonika spielt. Er war ein Tausendsassa. Er sagte mir immer: ‚Wenn du willst, kannst du alles!'. Durch ihn wurde ich mutig und lernte, mir selbst zu vertrauen. Vor allem habe ich seinen Ehrgeiz und seine Ungeduld geerbt, mit denen ich allerdings meine Mitarbeiter, meine Frau und meine Kinder oft nerve.

Als ich nach dem Studium in den USA bei General Motors volontierte, hat er mich ausdrücklich dazu ermuntert, obwohl er unter dieser Ablösung litt. Ich werde nie seine Tränen bei dem Abschied auf dem Frankfurter Flughafen vergessen. Bei General Motors fasste ich den Entschluss, mich selbstständig zu machen, und das in einem mir fremden Land. Es dauerte allerdings sechzehn Jahre, bis ich so weit war. Ich hatte nämlich entdeckt, dass die Autoreparaturwerkstätten in meinem US-Bundesstaat meistens kleine Klitschen waren. Sie arbeiteten unproduktiv mit kleinem Kapitaleinsatz, wenig Mitarbeitern und mit bescheidener apparativer Ausstattung. Zusammen mit einem amerikanischen Kollegen, der aus begütertem Haus stammte, kamen wir auf die Idee, eine Kette von Kfz-Reparaturwerkstätten zu errichten, die allesamt standardisiert, technisch auf dem modernsten Stand ausgestattet waren und ein offensives Reparatur-Marketing betrieben. Das war damals neu. Die Reparaturwerkstätten warteten einfach auf ihre Kunden, sie warben nicht um sie. Heute besitzen wir einundvierzig Großwerkstätten und sind längst in andere Bundesstaaten expandiert. Das sagt sich so einfach. In Wahrheit hatte ich vor diesem Sprung ins eiskalte Wasser des Wirtschaftslebens mächtig Bammel. Das hätte alles in einem schlimmen Bankrott enden können.

Ich weiß noch, wie ich damals nach Deutschland flog, um mit Vater über meine Geschäftsidee zu sprechen. Ich erzählte ihm alles. Sein ganzer Körper signalisierte Zustimmung. Er fragte viel. Er hatte inzwischen seine Firma verkauft und verfügte, auch durch Aktienspekulationen, über ein Millionenvermögen. Er stellte mir einen hohen Geschäftskredit in Aussicht. Das Wichtigste aber war sein Satz: ‚Du schaffst das!‘. Und ich habe es geschafft."

Natürlich sind die Väter auch für die Ausbildung des weiblichen Ichs unerlässlich wichtig. Der Vater ermöglicht es dem kleinen Mädchen, sich vorsichtig von der Mutterfixierung zu lösen. Er bestimmt das erste Männerbild im Leben einer Frau. Sie betritt mit ihm das Land der Männlichkeit und erwirbt von ihm, mit C. G. Jung zu sprechen, den *animus*, den männlichen Anteil ihrer Seele. Das hat wohlgemerkt nichts mit Grenzüberschreitung oder gar inzestuöser Annäherung zu tun. Der Vater gibt vielmehr der Tochter gleichsam den ersten männlichen Gütestempel durch vertrauensbildende Maßnahmen, zum Beispiel liebevolle Komplimente: „Du bist ein wundervolles Mädchen", „Du wirst eine tolle Frau". Er gibt ihr damit weibliches Selbstvertrauen gegenüber der Welt der Männer.

Väter sind im guten Fall in ihre Töchter verliebt, in ihre Andersartigkeit, ihre Koketterie und Zärtlichkeit. Die Vater-Tochter-Bindung ist weniger von aggressiver Energie besetzt als die Vater-Sohn-Beziehung. Im Gegensatz zu dieser gibt es hier weniger Konkurrenzverhalten. Der Vater spiegelt der Tochter mit seinem Entzücken ihre körperliche und mentale Weiblichkeit. Natürlich braucht die Tochter dann auch wiederum die Entidealisierung und die Ablösung vom Vater.

Nur langsam und oft quälend entwickeln wir als Kinder ein differenziertes Elternbild, das auch ihre „bösen" Seiten integriert. Gerade in der Pubertät wird, wie wir noch sehen werden, diese Entidealisierung zum lebensnotwendigen Prozess. Die Enttäuschung über die Entzauberung des idealisierten Elternobjektes ist riesig. Zu einer reifen Elternbeziehung gehören diese Polaritäten im Sinne des hoch affektiven Mottos „Ich liebe dich – ich hasse dich". Um diesen schmerzhaften Ambivalenzkonflikt, der jeder Beziehung innewohnt, zu vermeiden, flüchten wir uns als Kinder oft in den Spaltungsmechanismus eines „guten" und eines „bösen" Elternteils.

Ich selbst habe das gemacht, als meine Eltern auseinander gingen. Ich war sechs Jahre alt. Von da an gab es in meiner persönlichen Inszenierung nur noch die „Mutter Gottes" und den „Schurken". Die Spaltung habe ich bis weit in meine Erwachsenenjahre betrieben. Ich habe mit dieser Mutterfixierung dafür den hohen Preis mangelnder Männlichkeit entrichtet. Umgekehrt war mein neurotischer Gewinn beträchtlich. Zum einen vermochte ich durch die Entwertung des „Liebesobjekts Vater" meinen Schmerz und meine Sehnsucht zu narkotisieren, zum anderen konnte ich mir wenigstens einen Elternteil, die Mutter, heil erhalten. Schließlich leugnete ich ihre negativen Anteile und schob sie auf den Vater. Meine fast religiöse Projektion der „perfekten Mutter" war ein infantiles Wunschbild nach dem persischen Sprichwort „Der Himmel ist zu den Füßen der Mutter". Dann ist der Vater die Hölle.

Das Ich beginnt mit dem Du. Dieses erste Du ist für jedes Kind die Mutter. Aber was ist, wenn der Vater für die Tochter kein fühl- und wahrnehmbares Du ist? Das töchterliche Ich verblasst, weil es sich unsichtbar fühlt. Tina (42), technische Zeichnerin, ist es so widerfahren. Sie berichtet: „Meine ganze Kindheit sehnte ich mich nach meinem Vater. Er war ein ‚Söhne-Mann‘, das heißt, er war ausschließlich auf meine beiden älteren Brüder fixiert. Er förderte sie auf jede nur denkbare Weise, spielte mit ihnen in der Freizeit, brachte ihnen viel bei. Sie wurden denn auch im Leben besonders erfolgreich, urologischer Chefarzt der eine, Justiziar eines Konzerns der andere. Mich nahm mein Vater einfach nicht wahr.

Heute ist er tot. Er starb am Herzinfarkt an seinem Schreibtisch in der Rechtsanwaltskanzlei mit fünfundfünfzig Jahren. Für ihn zählte nur Leistung, Stärke und Härte. Meiner Mutter gestand er einmal, er habe sich immer nur Söhne gewünscht. Dabei liebte ich ihn unermesslich. Ich bewunderte ihn, denn er konnte so viel, auch handwerklich und sportlich. Er war ein schöner und schlanker Mann. Ich sehe ihn immer noch braun gebrannt wie ein männliches Model beim Skifahren. Seine Haare waren kastanienbraun. Noch in der Pubertät war ich richtig verliebt in ihn. Ich wollte es jahrelang nicht zur Kenntnis nehmen, dass er mich abwehrte. Er hat kaum etwas mit mir unternommen, seine Aufmerksamkeit galt den Brüdern. Er nannte mich ‚Pummel'. Vater schüttelte mich ab, wenn ich, noch mit zehn Jahren, auf seinen Schoß klettern wollte."

Tina brauchte lange, um ein ganzheitliches „Frauen-Ich" zu erlangen. Erst in der zweiten Ehe mit einem achtsamen Mann gewann sie Selbstbewusstsein und Selbstliebe. Dieser Ehemann liebte endlich das Beste aus ihr heraus. Sie erinnert sich an ihr beschädigtes jugendliches Ich: „Ich glaube, ich habe meinen Vater mit meinem Übergewicht angeekelt. Ich fühlte mich mickrig und nicht liebenswert. Ich fraß in meiner Not viele Süßigkeiten in mich hinein. Ich brauchte zwei Erlebnisse, um den Schock zuzulassen, dass mein Vater mir nicht zugetan war.

Das Erste war der Abschlussball des Tanzkurses. Wie hatte ich bei ihm gebettelt, dass er hinzukäme und den ersten Tanz mit mir drehte. Er kam nicht. Es läge so viel Arbeit in der Kanzlei an, meinte er entschuldigend. Das zweite Mal war es die Abiturfeier. Ich hatte als Beste meiner Klasse bestanden. Mittlerweile war ich übrigens durch eiserne Diäten (ein Unfug, wie ich heute als ‚Bruker-Fan' weiß) schlank und hübsch geworden. Wieder bat ich meinen Vater, zu kommen und sich einen schönen Anzug anzuziehen. Ich durfte nämlich auch die Abiturientenrede halten. Ich hatte einen witzigen Text geschrieben. Die Abiturfeier begann. Der Rektor sprach. Der Deutschlehrer sprach. Mein Vater war immer noch nicht da. Ich ging ans Rednerpult. Mein

Vater war immer noch nicht da. Während der ganzen Rede spähte ich, ob er noch durch die Saaltüre käme. Zwei Minuten vor Schluss meiner Rede hetzte er herein, im Pullover, ganz alltäglich. Nach der Rede bei dem kleinen Sektempfang in der Schule schüttelte er mir kurz die Hand und verschwand wieder. Ich stürzte auf die Toilette und weinte."

Auch hier gäbe es natürlich im Gegenzug unzählige optimistische Beispiele von Papas liebendem Blick für die Töchter. Elisabeth Mann-Borghese, das fünfte der sechs Kinder Thomas Manns, genoss vom ersten Lidschlag nach der Geburt an die absolute Liebe des Vaters. Noch war Golo nicht geboren, da rühmte der Dichter: „Letztgeborenes, du und Erstgeborenes dennoch mehr erst in Wahrheit!" Er widmete ihr den *Gesang vom Kindchen* in schwingenden Hexametern. Da heißt es:

Töchterchen, sieh, so war ich im Herzen gestimmt
und bereitet,
Dich zu empfangen aus dem Schoß des organischen
Dunkels,
Das dich treulich gehegt und genauestens fertig
gebildet
Nach den Gesetzen der Art. Nicht wusst' ich schon,
dass ich dich liebte.
Doch als das schwere, heitere, heilige Wunder
geschehen;
Als du erschienen warst und dem Lichte gehörtest,
wonach du

Lange schon, lebhaft, in Stößen, die ich belauschte,
    gedränget;
Als ich zuerst die nichtige Last auf ängstlichen
    Armen
Mir gespürt und mit stillem Entzücken gesehn,
    wie dein Auge
Widerstrahlte das Himmelslicht; dann dich –
    o, wie behutsam,
Niedergelassen an deiner Mutter Brust: da füllte
Ganz mit Gefühl sich auf einmal mein Herz mit
    segnender Liebe.

Wen wundert es, dass noch im Lachen der achtzigjährigen, weltweit bekannten Meeresbiologin Elisabeth Mann-Borghese Papas „segnende Liebe" sichtbar wurde. Sie fühlte sich wohl in ihrer Haut und
hatte von früh an ein in sich gerundetes, kohärentes
Ich.

Auch die Beziehung zwischen Thomas Mann und
seiner ältesten Tochter Erika Mann war trotz aller
Spannungen und vorübergehenden politischen Entfremdung (in der Frage der antifaschistischen Opposition) intensiv und kraftvoll. Erika erbte den
scharfen Intellekt, aber auch, wie der Bruder Klaus,
die Abgründigkeit des Vaters. Als Thomas Mann
starb, widmete sie ihm eines der schönsten Gedenk-
bücher der deutschen Literatur unter dem Titel *Das
letzte Jahr. Bericht über meinen Vater* (1956). Erika
Mann rief ihm die liebenden Worte nach: „Lieber,
geliebter Zauberer, du warst gnädig geführt bis zum

Ende, und still bist du fortgegangen, von ‚dieser grünen Erde‘, um deren Schicksal du so lange liebend gebangt. Drei Tage noch lag deine Hülle – der leichte Körper mit dem strengen, kühnen, wächsern verfremdeten Haupt – in der Abschiedskammer der Klinik. Dein Ring, der ‚schöne‘, war an deiner Hand. Der Stein leuchtete dunkel. Wir haben ihn mit dir begraben.“

Hier trifft das russische Sprichwort: *Eines Vaters Segen kann weder im Wasser ertränkt noch im Feuer verbrannt werden.*

Die Geschwister

*Die Geschwistererfahrung trägt die großartigsten
und die gemeinsten menschlichen Gefühle. Die ganze
Bandbreite von Gefühlen ist in dieser Beziehung
enthalten, deren Komplexität sich jeder Definition
entzieht. Es dürfte deutlich geworden sein, dass es
keinen Prototyp der Geschwisterbindung gibt,
sondern jede einzeln in all ihren Varianten betrachtet
werden muss.*

Stephen P. Bank/Michael D. Kahn
Geschwister-Bindung

Kein Zweifel, Vater und Mutter sind die bedeu-
tendsten Prägestücke unseres Ichs. Aber in unserer
biografischen Entwicklung kommt, wenn wir nicht
ein Einzelkind sind, ein Drittes hinzu – das oder die
Geschwister. In der Psychoanalyse ist die Bedeu-
tung der Individuation und Sozialisation durch Brüder und Schwestern lange Zeit sträflich unterschätzt
worden. Erst in den Neunzigerjahren des letzten
Jahrhunderts begannen Psychologie und Psychotherapie, sich wissenschaftlich und anhand ausge-
dehnter Erhebungen mit dem Einfluss der Geschwisterschaft auf die Persönlichkeit und Entwicklung zu
beschäftigen.

Dabei ist die Geschwisterbeziehung die längste unseres Lebens, langfristiger als selbst unsere Eltern-
und Partnerbeziehungen. Sie dauert von der Wiege

VORBILDER, KRITIKER, HELFER

bis zur Bahre. Sie speist sich aus den größten Uneindeutigkeiten, Widersprüchlichkeiten und Zwiespältigkeiten, aus Liebe, Hass und Wiederannäherung. Der Weg zum Ich führt, wie wir aus dem Alten Testament, der antiken Mythologie und der Literatur kennen, mitten durch die Geschwisterschaft hindurch.

Kain erschlägt Abel. Jakob betrügt Esau um sein Erstgeburtsrecht. Jakobs Kinder werfen den hochmütig-genialen Bruder Joseph in den Brunnen. Die beiden Brüder der Königstochter Antigone bei Sophokles töten sich im Kampf um die Macht. Aschenputtel wird von den bösen Stiefschwestern unterdrückt. Dagegen lieben sich Brüderchen und Schwesterchen über den Tod hinaus. Wir finden dramatisch spannende Geschwisterkonstellationen in so unterschiedlichen literarischen Gattungen wie Schillers „Die Räuber", Astrid Lindgrens „Die Brüder Löwenherz", Ian McEwans „Der Zementgarten" und Michel Houellebecqs „Elementarteilchen".

Cornelia Goethe leidet unter dem Besitzanspruch und der männlichen Unterdrückung ihres Bruders Wolfgang. Obwohl als Tochter eines reichen Hauses zusammen mit dem Bruder glänzend unterrichtet, kann sie als Frau die Träume von einem kreativen und freien Leben nicht erfüllen. Der eifersüchtige Bruder verpflichtet sie auf die traditionelle Frauenrolle. Ein eintöniges Eheleben mit dem Staatsbeamten Georg Schlosser im badischen Emmendingen stürzt die mit dreiundzwanzig Jahren verheiratete junge Frau, die keine geistigen Kontakte findet, in Depressionen: Cornelia ist geistig ambitioniert – unter heutigen Umständen wäre sie eine Hochschullehrerin, Anwältin oder Studienrätin. Doch Bruder Wolfgang rät ihr vom fernen Weimar brieflich, „die Haushaltung … die Kochkunst zu studieren … Ferner verlange ich, dass Du Dich im Tanzen perfektionierst, die gewöhnlichen Kartenspiele lernst und den Putz mit Geschmack wohl verstehest." Die Sprachwissenschaftlerin Louise F. Pusch urteilt (in *Schwestern berühmter Männer. Zwölf biografische Porträts*, 1985): „Was es nicht mehr geben kann: Das subversive Bündnis mit dem Bruder, die ‚natürliche Solidarität‘, die Kinderbande. Was es nicht mehr geben kann: die Hingabe an das Wissen, die Eroberung der geistigen Welt, ‚als ob sie ein Mann sei‘. Ihr ist nun ein Feld der Lebenspraxis zugewiesen, das dieses Wissen zur Dekoration der Weiblichkeit herabsetzt."

Es ist tatsächlich der Bruder, das männliche junge Genie Johann Wolfgang Goethe, der die lebenshungrige und gescheite Cornelia in die reizlose Hausfrauenrolle zu zwingen hilft. Louise Pusch: „Er hat sie auf das Frausein verwiesen, sie in diese Qual geschickt, hat von ihr verlangt, was alle von ihr verlangen. Für ihre rebellischen Züge findet sie bei ihm keinerlei Verständnis mehr." Dabei hat Goethe, obwohl führend an der Widerspenstigen Zähmung beteiligt, sie über alles geliebt. Am 8. Juni 1777, drei Wochen nach der Geburt der zweiten Tochter Julia, stirbt Cornelia. Am 16. November des gleichen Jahres schreibt Johann Wolfgang erschüttert: „Mit meiner Schwester ist mir eine so starke Wurzel, die mich an der Erde hielt, abgehauen worden, dass die Äste von oben, die davon Nahrung hatten, auch absterben müssen."

Bruder und Schwester Goethe bilden hier natürlich den Negativfall der geschwisterlichen Ich-Hemmung. Jede Geschwisterbeziehung ist einzigartig. Uneingeschränkte Förderung erlebte Doris, heute eine knapp über fünfzig Jahre alte Tierärztin, durch ihren vier Jahre älteren Bruder. Sie war die Tochter eines aus Polen übergesiedelten deutschstämmigen Industriearbeiters und seiner Frau, einer Angestellten in einer chemischen Reinigung. Die Eltern waren ängstlich. Sie wollten, dass die beiden Kinder früh die Schule verließen, schnell eine Lehre absolvierten und Geld heimbrachten. Das kleine, praktisch mit Nullfinanzierung errichtete Häuschen, sollte abbezahlt werden.

Doris erinnert sich: „Mein Bruder Johannes war ein exzellenter Schüler. Er brillierte in den naturwissenschaftlichen Fächern. Er setzte sich durch, das Abitur machen zu dürfen, bewarb sich erfolgreich um ein Stipendium und wurde Diplomchemiker. Als ich die Mittlere Reife hatte, besorgte mir mein Vater eine Lehrstelle als Verkäuferin bei Karstadt. Da reiste Johannes aus dem Studium an. Er war fuchsteufelswild. Er schrie meine Eltern an: ‚Die Doris ist so intelligent. Ihr dürft ihr Leben nicht verpfuschen. Sie soll auch studieren dürfen!‘ Kurz, Johannes redete so lange und so laut auf die Eltern ein, dass sie schließlich nachgaben. Ich bestand das Abitur und studierte. Johannes, der inzwischen gut verdiente, unterstützte mich finanziell. Als ich vor dem veterinärmedizinischen Staatsexamen Angstattacken bekam und das Studium abbrechen und Tierpflegerin werden wollte, organisierte er mir den Besuch einer psychosomatischen Klinik. Johannes rief mich während des Examens zweimal täglich liebevoll an und munterte mich mit Fresspaketen auf. Zum Examen erhielt ich von ihm fünfzig rote Rosen!“

Auf meinen Vorträgen zum Geschwisterthema pflege ich den weiblichen und männlichen Zuhörern zwei Fragen zu stellen. Erstens will ich wissen, wer als Kind Geschwister hatte. Darauf heben die meisten die Hand. Wegen dieses brennenden Themas sind sie ja gekommen. Meine zweite Frage ist: „Wer würde nicht noch einmal Geschwister haben wollen?“ Kein einziger Arm geht in die Höhe. Das ist frappant, denn natürlich fügen sich Geschwister von den ersten Anfängen bis zu den späten Erbstreitigkeiten oft Leid zu. Die Schweizer Psychoanalytikerin Katharina Ley registriert (in *Geschwisterbande. Liebe, Hass und Solidarität*, 2001): „Geschwisterbeziehungen bewegen sich auch im Erwachsenenalter zwischen Wunsch und Abwehr. Dem Wunsch nach Nähe und Gemeinsamkeit, Lebendigkeit und Gleichsein stehen die unterschiedlichsten Abwehrformen gegenüber: Neid, Eifersucht, Abwertung. Gleichgültigkeit, Aggression." Sie konstatiert aber auch: „Im Geschwisterlichen und in dessen Weiterführung und Ausgestaltung unter sozialen Schwestern und Brüdern erkennen wir die Umrisse denkbaren und wünschbaren solidarischen Handelns von Menschen überhaupt."

Tatsächlich dürfte die positive Ich-Formung durch Geschwister überwiegen. Mein Ich gewinnt durch Geschwister drei lebensentscheidende Bereicherungen: *Kompetenz*, *Identität* und *Sozialität*. Indem ich die Eigenschaften einer Schwester, eines Bruders nachahme und mir aneigne, erweitere ich das Spektrum meiner Selbstkompetenz. Ich habe das als jüngstes von fünf Kindern am eigenen Leib erlebt. Meine Arztmutter war den ganzen Tag in der Praxis, der Vater zuerst im Krieg und dann durch die Scheidung abwesend. Von wem hätte ich wohl all die Fähigkeiten des Alltags, vom Schuhbändelbinden, Hemdzuknöpfen, über das Radfahren, Schwimmen, Rommeespielen bis zum Binden der ersten Krawatte lernen sollen als von meinen älteren Geschwistern Albert, Christoph und Maria Theresia? Sie waren mir Vorbilder.

Andererseits: Noch als Erwachsener sind die Geschwister mir ein Stachel im Fleisch. Denn aus ihrem Kompetenzvorsprung erwachsen auch Neid und Rivalität. Ich will bis heute nicht der Jüngste und der „Dümmste" unter ihnen bleiben. Also habe ich mich mächtig angestrengt, um sie einzuholen. Das war manchmal für mich auch demütigend, weil ich ein Spätentwickler war. Heute erkenne ich dankbar: Wo ich mich mit ihnen auf Augenhöhe befinde, waren und sind meine Geschwister eine kostbare Herausforderung für mich. Ich bewundere und genieße den Humanismus und die ärztliche Kompetenz meiner Brüder und ihre lebenspraktischen Fähigkeiten ebenso wie den psychoanalytischen Scharfsinn und den kulturellen Reichtum meiner Schwester. Dies alles erweitert meinen Horizont, weckt meinen Ehrgeiz und lässt mein Ich noch im Alter wachsen. Ihr seid wunderbare Geschwister – ich danke Euch dafür!

Die Beziehungen zwischen Eltern und Kind sind vertikal, von oben nach unten. Sie drücken auch ein Machtverhältnis aus. Die Eltern bestimmen, wann ich ins Bett muss oder ob ich in die Disco darf. Der Abstand zwischen den Riesen-Eltern und dem Zwergen-Kind ist immens. Als Kind konnte ich mir oft nicht vorstellen, dass ich eines Tages so groß, so gescheit und so kompetent wie sie sein könnte.

Dagegen ist die Beziehung zwischen den Geschwistern eine horizontale, ein Nebeneinander. Sie ist bei aller Überlegenheit der älteren Geschwister doch tendenziell demokratisch. Die Entwicklungsabstände sind in der Regel nicht zu groß. Geschwister sind einholbar. In der *Identifikation* und *Deidentifika-tion* mit ihnen profiliert sich mein Ich.

Laura, eine sechsunddreißigjährige Steuerberaterin, beschrieb mir ihren Identitätsprozess durch Geschwister so: „Ich habe eine drei Jahre ältere Schwester und einen ein Jahr jüngeren Bruder. Meine Schwester habe ich bewundert. Sie war und ist immer noch witzig, sportlich und sexy. Schon im Kindergarten war sie mit ihren langen blonden Engelshaaren der Schwarm der Jungen. Susanne verdanke ich meine Weiblichkeit. Ich selbst war nämlich eher vom Typ her ein schmaler, hoch aufgeschossener Junge, eckig und burschikos. Die Art, wie Susanne sich, besonders in der Pubertät und danach, schick anzog, hübsch schminkte und ihren schönen Busen zur Geltung brachte, wie sie mit Männern federleicht flirtete und ihr Mädchenzimmer pastellfarbig anstrich und anmutig möblierte, das alles habe ich ihr, soweit ich konnte, nachgemacht. Aber natürlich bin ich eine andere geblieben, etwas männlicher und technik-freundlicher. Ich fahre, im Gegensatz zu ihr, Motorrad, repariere mein Auto gerne selbst und verkehre mit Männern mehr auf der Kumpelebene. Aber was an mir weiblich ist, das verdanke ich uneingeschränkt Susanne. Meine Mutter hatte wenig feminine Seiten, sie war fast männlicher als unser Vater."

Und der Bruder? An ihm erlebte Laura die Deidentifikation, seine und ihre eigene Andersartigkeit. Laura: „Stefan war so ganz anders als ich. Er konnte mit Mädchen überhaupt nichts anfangen. Stefan hatte immer ein Rudel von Freunden und war ständig auf Achse mit ihnen. Außer Fußball, Technik und Abenteuerbüchern interessierte ihn nichts. Er war körperlich bullig, dickköpfig, aggressiv und spracharm. Ich konnte nicht mit ihm streiten. Statt sich mit mir auseinanderzusetzen, nahm er mich in den Schwitzkasten. Er ließ keine Gefühle aus sich heraus. Weinen gab es bei ihm nicht. Er war so ein typisches maskulines Exemplar. Aber wenn wir Schwestern Hilfe brauchten oder von einem Jungen aus der Nachbarschaft bedrängt wurden, dann schlug er sich wie ein Ritter für uns. Stefan war extrem leistungsfähig und erfolgsorientiert. Als Vorstandsmitglied einer Bank hat er es noch am weitesten von uns Dreien gebracht. Ich habe Stefan im gleichen Atemzug bewundert und gehasst. Aber zugleich habe ich an ihm auch gelernt, wie gerne ich doch eine Frau bin. Es mag ja lächerlich klingen, aber dass ich zwei Kinder geboren und beide lange gestillt habe, das gibt mir ihm gegenüber irgendwie ein Gefühl der Überlegenheit. Stefan hat mich oft bewundert. Das tat mir gut. Als ich einmal an einer schweren Lungenentzündung fiebernd im Bett lag, da nahm er mit seinen zwölf Jahren plötzlich meine Hand und sagte weinend: ‚Laura, werde mir ja wieder gesund. Ich brauche dich. Du bist so eine tolle Schwester.‘ Das habe ich nie vergessen.“

Bleibt die *Sozialität* durch Geschwisterschaft. Mit und durch die Geschwister lernen wir Teilhabe, Solidarität, Streit, Versöhnung, Konkurrenz, Hingabe, Einfühlung. Geschwister sind das Medium unserer Menschwerdung. Sie sind unsere Begleiter und unsere Kritiker, unsere Fans und unsere Gegner. Sie bilden sozusagen die Urzelle der Demokratie.

Luise, eine durchsetzungsfähige Architektin und Bauleiterin um die Vierzig, verdankt ihre Verhandlungsfähigkeit, wie sie sagt, vor allem dem geschwisterlichen Psychotop: „Ich komme aus einem kleinen ländlichen Handwerksbetrieb. Wir waren sechs Kinder, exakt drei Schwestern und drei Brüder. Ich war die Zweitälteste. Das Geld war knapp. Wir alle mussten im Haushalt und im großen Gemüsegarten helfen. Unsere Mutter war eine patente tatkräftige Frau. Sie gründete eine Art Familienparlament. Das Familienparlament tagte zum genau festgelegten Zeitpunkt einmal im Vierteljahr. Alle Kinder konnten und sollten sich zu Wort melden. Wir hatten die gleichen Sprechzeiten wie Vater und Mutter. Jedesmal präsidierte abwechselnd eines von uns Geschwistern die Sitzung, erteilte das Wort und protokollierte die Beschlüsse. Ebenso wie die Eltern äußerten wir Beschwerden, machten Vorschläge, schlossen Vereinbarungen und rügten Regelverletzungen.

Das hat prima hingehauen. Besonders eine Vereinbarung ist mir in Erinnerung geblieben. Die Großeltern mütterlicherseits lebten zweihundert Kilometer weiter weg. Sie waren großzügig und verwöhnten uns nach Strich und Faden. Aber wir konnten sie selten besuchen und wenn, dann höchstens zu zweit. Dabei kamen die jüngeren Geschwister zu kurz, weil sie sich nicht so durchzusetzen vermochten. Auf einer Sitzung machte unser Jüngster, der gerade einmal sechs Jahre alt war, einen verblüffend durchdachten Vorschlag: In jedem Monat sollte ein Kind die Großeltern besuchen dürfen. Wir stimmten einstimmig dafür ab. Die Regelung wurde durchgeführt. Ab sofort kam jedes Kind zweimal im Jahr in den Genuss eines Exklusivbesuches bei den Großeltern."

Wer Geschwister besitzt, dessen Ich ist in der Regel kompromissfähig, selbstkritisch und vor allem versöhnungsfähig. Wie heißt es im Rheinland so schön: „Geschwister gehen bis zum Rhein, werfen einander aber nicht hinein."

„Ich weinte, wenn ich in den Spiegel schaute. Wirklich, ich war hässlich! Dieses Selbstbild hat mich nie verlassen. Ich hätte alles gegeben, um Mijanou mit ihrem taillenlangen roten Haar, den veilchenblauen Augen zu ähneln und der Liebling meiner Eltern zu sein." So äußert sich Brigitte Bardot, die Ikone der Weiblichkeit, in ihren Memoiren. Sie war ein *Schattenkind*. Sie litt schwer darunter: „Warum hatte der liebe Gott mich mit dunklem, glatten Haar erschaffen, das nicht zu bändigen war, mit kurzsichtigen Augen, die mich zur Brillenschlange machten, und mit Zähnen, die vorstanden und mich zwangen, eine Zahnspange zu tragen? Zum Glück nutzte die Spange nichts, und ich behielt meine Hasenzähne, denn sonst hätte es den weltberühmten Schmollmund nie gegeben!"

Um das Ich eines solchen Schattenkindes ist es naturgemäß schlecht bestellt. Es hat im Grunde zwei Möglichkeiten. Es kann sich wie im Fall von Brigitte Bardot aus dem Gefühl der Demütigung und der Kränkung heraus aufschwingen und in einem komplizierten Prozess selbst aufwerten und der Welt zeigen, wie schön doch dieses Ich in Wahrheit ist. Mit dieser *Trotzmacht des Geistes* (Erwin Ringel) schaffen es tatsächlich viele Erniedrigte und Beleidigte dieser Welt, gewaltige Gegenkräfte gegen ihre innere Not zu entwickeln und zum Sieger zu werden. Der Dichter Eugen Roth reimte einsichtig: „Ein Mensch schaut in die Zeit zurück,/er sieht, sein Unglück war sein Glück."

Wo das Ich eines Schattenkindes allerdings über eine schlechte *Resilienz,* also psychische Widerstandskraft aus guten Bindungserfahrungen, verfügt, wird möglicherweise noch das Erwachsenen-Ich sich als „hässliches Entlein" fühlen. Oliver (22), ein jugendlicher Kiffer mit starkem Alkoholkonsum, war so ein männliches Aschenputtel ohne Selbstwertgefühl. Das hätte ich zunächst nicht in ihm vermutet, als er, ein baumlanger, riesiger Kerl, meine Praxis betrat. Er hatte, wie er freimütig gestand, schon „viel Scheiße gebaut". Er war von der Schule geflogen, war gewalttätig geworden und hatte bereits eine Jugendstrafe wegen Drogenhandels auf seinem Lebenskonto. Hinter dem furchterregenden Hooligan steckte, wie die Anamnese ergab, ein schwacher kleiner Junge. Als mittlerer von drei Brüdern war Oliver ein hochsensibles Kind. Er entwickelte eine Sprachbehinderung, wurde zum Bettnässer – warum wohl? – und blieb so stets der „Unattraktive". Der ältere Bruder hatte den glorreichen Stammhalterstatus, der jüngere den Nesthäkchenbonus. Für das Sandwichkind Oliver blieb in der Mitte nicht viel Zuwendung übrig.

Der Vater lehnte obendrein den schwächelnden Oliver ab. Dieser zog sich in das Schneckenhaus seiner Enttäuschung zurück. Je mehr Mitleid hingegen die Mutter dem Sorgenkind zuwandte, desto mehr verspotteten ihn wiederum seine Brüder. Das waren schlechte Startchancen. Ist es denn so unbegreiflich, dass der derart seelisch desorientierte Oliver in der Pubertät rebellisch wurde, mit Kiffen und Saufen sein Selbstwertgefühl zu steigern versuchte und mit körperlicher Gewalt seine Macht demonstrierte? Das sichtbare „böse" Ich war lediglich der Schatten (C. G. Jung) seines unsichtbaren schwachen Ichs.

Das Leben selbst ist oft der beste Therapeut. So ergriff Oliver schließlich die Chance, in einem neuen Milieu, fern der alten Clique, ein starkes Ich zu entwickeln. Der radikale, schmerzhafte Bruch mit der Vergangenheit, bequemen Gewohnheiten und falschen Freunden eröffnete ihm die Möglichkeit zum Neuanfang. Zugegeben, ein seltener Glücksfall, doch wie sagt das Sprichwort: „Stark ist, wer niederschlägt, stärker ist, wer sich wieder aufrichtet."

Wie stark das Ich durch die Geschwisterbeziehungen geprägt wird, das zeigt sich oft noch im Geheimnis der Partnerwahl und im Beziehungsverhalten. Die unverarbeitete Geschwisterbeziehung wirkt tiefer als wir vermuten in die Paarfindung und Paargestaltung hinein. In der Paartherapie ist es oftmals wichtig für die Liebenden, sich darüber klar zu werden, ob sie älteste, mittlere oder jüngste Kinder waren, das heißt welche Rolle ihnen durch ihre jeweilige Geschwisterkonstellation zugewiesen wurde. Mir fallen hierzu spontan drei Paargeschichten ein. Die ersten beiden sind unzweifelhaft *Kollusionen*, also, wie bereits früher erwähnt, neurotische Paarverwicklungen.

Da sind Ingo und Veronika, beide Mitte der Fünfzig. Ihre Kinder sind außer Haus. Sie kamen zu mir, weil sie sich ständig stritten. Sie waren beide Pharmazeuten. Jeder besaß und führte eine eigene Apotheke. Beide konkurrierten ebenso kraftvoll wie mörderisch miteinander. Keiner gönnte dem anderen die Butter auf dem Brot. Jeder kritisierte den anderen. Natürlich gab es eine Reihe von Ursachen für ihre destruktive Beziehung. Als einer der Hauptgründe stellte sich jedoch ihre familiäre Prägung, genauer die Geschwisterkonstellation heraus.

Ingo und Veronika waren die jeweils ältesten Geschwister gewesen. Beide wurden von ihren Eltern bewundert und als Familienstars gefördert. Beide herrschten über die jüngeren Geschwister. Beide betrachteten das Leben als eine Kampfstätte: Der Sieger nimmt alles. Sie waren regelrechte Alphatiere, Herrschergestalten, Narzissten, in sich selbst verliebt, vom Erfolg verwöhnt. Genau das bildete auch die gegenseitige Faszination, als sie sich kennenlernten – König traf auf Königin. Doch was zu Beginn ihrer Liebe die Attraktion darstellte, der Glanz und die Energie des jeweils anderen, wurde im Laufe der Jahre zur Reibungsfläche einer erbarmungslosen Konkurrenz.

Als Veronika nach insgesamt fünfzehnjähriger Kinderpause wieder voll an den Verkaufstisch ihrer Apotheke zurückkehrte, wollte sie Ingo unbewusst den Verlust ihrer früheren Führungsposition heimzahlen. Sie hatte früher die umsatzstärkere Apotheke gehabt! Nun stürzte sie sich in die Arbeit, trieb die Gewinne hoch und ließ Ingo ihre Überlegenheit spüren. Denn Ingo begann mit einer Herzinsuffizienz und einem Bandscheibenvorfall zu schwächeln und konnte mit diesem Tempo nicht mehr mithalten. Als er während der Therapie überraschend einen Herzinfarkt erlitt und knapp dem Sensenmann entging, erlebte das Paar seinen seelischen Durchbruch. Veronika erschrak im Wortsinn bis auf den Tod. Sie löste den verhängnisvollen Geschwisterknoten ihres Partnerverhaltens, indem sie klar bekannte: „Ich bin das alberne Wettrennen leid. Wieso veranstalten wir beide bloß dieses Theater? Wir haben genug zum Beißen und brauchen nicht noch mehr Geld. Ich liebe dich, Ingo! Ich möchte dich nicht verlieren! Ich möchte jeden Tag unseres gemeinsamen Lebens nutzen."

Oder nehmen wir den kollusiven Fall von Anna und Walter. Anna (54), eine frühpensionierte Lehrerin, rieb sich am autoritären Verhalten ihres Mannes Walter. Sie pflegte den erfolgreichen, aber despotischen Facharzt in meiner Gegenwart boshaft nur den „Chef" zu nennen. Ich schlug ihr vor, ab sofort auf diese kränkende Benennung zu verzichten. Sie sollte stattdessen nachforschen, warum sie sich einen so autoritären Mann als Partner ausgewählt habe. Da verstummte Anna. Denn es war ihre Zweitehe. Schon ihre erste Ehe war an dem herrischen Gebaren ihres damaligen Mannes, eines Topjuristen, gescheitert. Offensichtlich stand Anna unter jenem Druck, den Freud den „neurotischen Wiederholungszwang" nennt. Walter, der „Chef", war zwar finanziell großherzig, aber er schnauzte Frau und Sprechstundengehilfinnen gleichermaßen an wie ein Feldwebel.

Im Laufe der Sitzungen kristallisierte sich Annas deformierende Geschwisterkonstellation heraus. Sie erzählte: „Ich war die Jüngste. Vor mir gab es zwei Schwestern und als Anführer der Rasselbande den einzigen Bruder." Rasselbande – das klingt so fröhlich kindlich. In Wahrheit war Anna dem brüderlichen Alphatier hörig: „Er kommandierte mich wie auf dem Exerzierplatz, und wehe, ich war ihm nicht zu Willen. Dann schlug er mich. Wenn ich dann weinte und es den Eltern melden wollte, nannte er mich eine Petze und drohte mir, mich noch mehr zu schlagen. Nach und nach wurde ich völlig unterwürfig und verlor meinen freien Willen. Auch mein Vater war autoritär und Herrscher im Haus. Männern muss man gehorchen, lernte ich, sonst kriegt man Ärger."

Walter wiederum musste in der Paartherapie lernen, von seinem Herrscher-Ich abzulassen. Aber das gelang nur – und lediglich unzureichend –, indem Anna lernte, ihm ihre eigene Stärke und Unbeirrbarkeit gegenüberzustellen.

Geschwisterschaft kann auch eine gute Kampfausrüstung sein. Sei es die gegenseitige geschwisterliche Unterstützung, die Vorbildfunktion, die produktive Rivalität oder der konstellative Anschub. Bei Marion und Markus, Inhaber eines gut gehenden Textilgeschäftes, war es der Ehrgeiz der Jüngsten, die beide zu ihrem Erfolg beflügelten. Der achtundvierzigjährige Markus bekannte: „Ich war der Knirps in der Familie. Die Geschwister liebten mich, aber sie nannten mich ‚Püppi'. Das heißt, sie fanden mich zwar niedlich, aber sie nahmen mich nicht richtig ernst. ‚Denen will ich es zeigen', dachte ich, als ich die Handelsschule verließ. In Marion fand ich eine

Schicksalsgefährtin. Sie war das verträumte Nesthäkchen, von ihren älteren Schwestern immer etwas belächelt. Als Marion das Elternhaus verließ und ein BWL-Studium ergriff, erwachte ihr Ehrgeiz. Auch sie wollte sich gegenüber den Schwestern beweisen. Wir begegneten uns bezeichnenderweise in einer Bürgerinitiative. Es ging um die Errichtung einer Sportanlage auf Privatbasis. Da haben wir projektiert, geschaufelt, gemauert, gestrichen und gemeinsam das Dach des Klubhauses gedeckt. Wir waren wie besessen von dem Gedanken, ein Werk zu schaffen. Diese Energie lässt uns bis heute wie Pech und Schwefel zusammenhalten. Klein, aber fein – wir beiden Jüngsten haben es geschafft!"

Ein gutes Geschwister-Ich könnte so vielleicht als universelle Liebesformel fungieren. Wie sagte der Indianerhäuptling Seattle 1959 trotz aller schlechten Erfahrungen der amerikanischen Ureinwohner: „Vielleicht sind wir letztlich doch Brüder und Schwestern; wir werden sehen." Heute ist ein schwarzer „Bruder", Barack Obama, Präsident des Landes.

✳

Was in der Persönlichkeitstheorie heute noch oft vernachlässigt wird und was ich hier nur andeuten will, ist die bedeutende Rolle der Großeltern bei der Ichbildung. Viele Klienten sehen sich im Verlauf der Therapie mit einer schmerzhaften Mutter- oder Vaterwunde konfrontiert. Untersuchen wir jedoch genauer, was sich am Wegesrand dieser oft quälenden Straße der Wiedererinnerung findet, so taucht fast immer eine liebe Großmutter oder ein patenter Großvater auf. Sie sind die guten Feen und Zauberer im leidvollen Kindheitsmärchen. Die Augen des Klienten beginnen zu glänzen.

Erika (62), die es als Tochter einer hart und verbittert gewordenen Kriegswitwe nicht leicht hatte, erinnert sich voller Rührung an die Großmutter väterlicherseits: „Sie war eine körperlich schmächtige, aber warmherzige Frau, die mich in ihre Liebe einhüllte. Sie selbst war längst verwitwet, aber sie war witzig und von unerschütterlichem Optimismus. Obwohl wir – Mutter, zwei Kinder und sie – in einer Zweizimmerwohnung gedrängt zusammenlebten und kaum mehr besaßen, als wir am Leib trugen, zauberte sie mit der abendlichen Kerzen- und Vorlesestunde eine Atmosphäre voller Magie in unsere Welt. An zwei Sprüche von ihr erinnere ich mich: ‚Man muss das Leben nehmen, wie das Leben eben ist', pflegte sie zu sagen und: ‚Sauer, süß, bitter, scharf – das Leben muss gekostet werden.' Diese möglicherweise simple Lebensphilosophie hat sich in mein Ich eingebrannt. Immer wenn Not am Mann in meinem Leben war, habe ich mir diese Mutmachersätze in Erinnerung gerufen."

Die Welt

Es bildet ein Talent
sich in der Stille
Sich ein Charakter
in dem Strom der Welt
Goethe
Torquato Tasso

Zu Beginn seiner lebenslangen Entdeckungsreise findet das Kind eine gute oder eine böse Welt vor, gewöhnlich eine Mischung von beidem. Je mehr es sich von den Eltern und Geschwistern löst, desto stärker entdeckt es die außerfamiliäre Welt und wird von ihr geprägt. Das sind die beste Freundin, der beste Freund, die Clique, die Lehrer, Tanten, Onkel, Freunde der Eltern, die Nachbarn, die Kirche, der Fußballtrainer, die Klavierlehrerin, der Sportverein und die Pfadfinder, Reitstunden, Haustiere, erste Ferien in der Fremde, politische Ereignisse, Naturkatastrophen, die Begegnung mit dem Tod, Bücher, Musik, Partys, das Kino und das Fernsehen, Computerspiele und Internet und tausend Dinge mehr.

Dies alles macht das Kind zum Erwachsenen. Die Welt präsentiert sich ihm vor allem als ein bestimmtes Milieu mit unvergleichlichem Aroma. Ob es eine Begegnung mit der „guten" Welt war, ist dem Erwachsenen später fast von der Stirn zu lesen. Die „Überlebensstrategien" und grundsätzlichen Per-

DIE WELT IST GROß,
DOCH IN UNS WIRD SIE TIEF
WIE MEERESGRUND
(Rainer Maria Rilke)

spektiven, die wir als Kinder lernen und entwickeln, begleiten uns meist ein Leben lang.

Irene (49), die als Personalchefin zusammen mit ihrem Mann eine mittelständische Firma mit vierzig Angestellten leitet, war zum Beispiel hochorganisiert und zupackend. Als ich sie darauf ansprach, lachte sie und erklärte: „Ich bin in der elterlichen Gastwirtschaft mit Biergarten aufgewachsen. Wenn die Schule aus war, habe ich in der Sommersaison in der Küche gearbeitet, Gläser gespült, Vesperteller gerichtet, die Gäste bedient. Da durfte man nicht zimperlich sein. Mir hat das Tempo der Arbeit immer Spaß gemacht, und wir haben gut verdient."

Julian (53), Musiklehrer, beeindruckte mich durch sein spielerisches Auftreten, seine Farbigkeit, musische Neugier und Temperament. „Woher hast du das?", fragte ich ihn. Julian: „Meine Eltern waren Schauspieler. Der Nachteil war, dass meine Schwester und ich an den Abenden früh uns selbst überlassen waren. Der Vorteil war, dass meine Eltern sich chaotisch, saukomisch und wahnsinnig tolerant verhielten. Das Essen stand nie regelmäßig auf dem Tisch, aber Vater und Mutter musizierten mit uns, trieben allerlei Allotria und improvisierten kleine Theaterstücke mit uns. Wir waren eine herrlich hysterische Bande."

Helga (47) erlebte ich als naturverbunden. Die Männergeschichten der Erzieherin waren katastrophal, aber in der Pflege ihres gepachteten Gartens und der Liebe zu ihren beiden Schäferhunden fand sie immer wieder ein Stück seelische Heimat. In einem gewissen Sinn war sie die positive Kopie ihrer Eltern. Helga: „Meine Eltern waren Fabrikarbeiter. Ihr Lebensstandard war, gemessen an heutigen Verhältnissen, bescheiden. Aber einen zweifachen Luxus leisteten sie sich – einen Schrebergarten und einen Pudel. Wenn einer gestorben war, kam der nächste. Kaum war Frühjahr, verbrachten wir ganze Wochenenden im Schrebergarten. Wir schliefen dort im Hüttchen. Mutter backte Pfannkuchen mit Käse und Schnittlauch. Sie zauberte alles aus dem Schrebergarten auf den Tisch – Erdbeer-, Kirsch- und Rhabarberkuchen. Bis in die Nacht hinein haben wir unter bunten Lampions mit den Nachbarn zusammen gefeiert. Vater musizierte auf seiner Mundharmonika. Am Ende waren die Eltern meist beschwipst und sangen – für Kinderohren reichlich gewagte – Lieder. Es war wunderbar."

Paul (42), studierter Archäologe, war einer der belesensten Patienten, die ich je erlebte. Da ich selbst ein exzessiver Leser bin und meine Bücherwände wie ein Dschungel um mich wachsen, hat mich der gebildete Paul mit seiner Lesewut natürlich fasziniert. Auch hier war das frühere Milieu prägend. Paul: „Mein Vater stammt aus gutbürgerlichem Haus. Sein Vater war ein berühmter Anglistikprofessor. Mein Vater schleppte als Bibliothekar Unmengen an Büchern ins Haus und las uns Kindern viel vor. Er war als Vorleser ein Schauspieltalent und wusste uns für Belletristik und Sachbücher zu begeistern. Wenn ich einen Bücherwunsch hatte, wurde er sofort von ihm erfüllt. Er zeigte mir seinen Stolz, wenn ich ihm den Inhalt eines Buches gut wiedergeben konnte. Noch einen Tag vor seinem Tod las er sein letztes Buch. Ich glaube, das wird bei mir eines Tages nicht anders sein." Bei Rilke finden wir das treffende Bild (in *Die weiße Fürstin*): „Die Welt ist groß,/doch in uns wird sie tief/wie Meeresgrund".

Man könnte diese Beispiele beliebig fortführen. Liebe Leserin, lieber Leser, frage dich in einer großmütigen Stunde einmal, wie viel Gutes dir das Milieu deiner Welt vermittelt hat. Oft steckt auch im zunächst Problematischen noch ein Positives. Ich selbst habe lange Zeit mit den sieben strengen Jahren in einem österreichischen Jesuitenkolleg gehadert. Meine Ablehnung der *Schwarzen Pädagogik* dieser Kirchenmänner, die es nicht anders wussten und dem reaktionären Zeitgeist folgten, ist geblieben. Aber je älter ich werde, desto mehr bin ich beeindruckt und dankbar für die hohe geistige Disziplin und Intellektualität dieser Ordensmänner. Das hat mich letztlich auf die Ernsthaftigkeit meines geisteswissenschaftlichen Studiums vorbereitet. Es prägt mich als Ideal der geistigen Autonomie bis heute.

Eine „böse Welt" kann als Milieu verheerend sein und das Ich desorganisieren. Ein Erwachsener, der stört, ist oft als Kind schwer gestört worden. Der nach 1945 hingerichtete Auschwitzkommandant Rudolf Höß, ein verhängnisvoll autoritärer Charakter, bekannte (in: *Kommandant in Auschwitz: Autobiographische Aufzeichnungen des Rudolf Höß*, dtv): „Ganz besonders wurde ich immer darauf hingewiesen, dass ich Wünsche oder Anordnungen der Eltern, der Lehrer, Pfarrer usw., ja aller Erwachsener bis zum Dienstpersonal unverzüglich durchzuführen bzw. zu befolgen hätte und mich durch nichts davon abhalten lassen dürfe. Was diese sagten, sei immer richtig. Diese Erziehungsgrundsätze sind mir in Fleisch und Blut übergegangen."

Auch das Milieu eines religiösen Totalitarismus mit seinen Gehorsams- und Straforgien kann für die Ich-Bildung verhängnisvoll sein. Wie viele Generationen von Frauen und Männern haben der Bibel geglaubt, wie es bei *Sirach* (30, 1) heißt: „Wer sein Kind lieb hat, der hält es stets unter der Rute, dass er hernach Freude an ihm erlebe". Viele meiner Patienten aus der älteren Generation haben durch die Unterdrückungsmechanismen und die Sexualneurose der „unfehlbaren" Amtskirche schwere Ich-Verluste erlitten. Oft kam noch die nationalsozialistische Herdenideologie hinzu, die jedes freiheitliche Denken im Keim erstickte.

Nicht von ungefähr meinte Hermann Göring (nachzulesen in Joachim Fest, *Das Gesicht des Dritten Reiches*, 1963): „Wenn der katholische Christ überzeugt ist, dass der Papst in allen religiösen und sittlichen Dingen unfehlbar sei, so erklären wir Nationalsozialisten mit der gleichen innersten Überzeugung, dass auch für uns der Führer in allen politischen und sonstigen Dingen, die das nationale und soziale Interesse des Volkes angehen, glattweg unfehlbar ist ...". Über die Millionen von Toten hinaus ist die Mehrheit einer ganzen Generation durch das mörderische Milieu des Faschismus in ihrem Ich beschädigt worden und hat ihre Mitverantwortung, wie groß oder klein sie auch immer gewesen sein mag, verdrängt. Die Ärzte und Psychoanalytiker Alexander und Margarete Mitscherlich haben dies in ihrem Jahrhundertwerk *Die Unfähigkeit zu trauern* 1967 erschütternd aufgedeckt.

Dass es Kindern nach einem schlechten Start trotzdem gelingen kann, ein starkes Ich zu gewinnen und nicht asozial zu werden, belegen Literatur und Leben seit Jahrtausenden. Parsifal, ein Kind aus der Wildnis, wird König des Heiligen Grals. Der Waisenjunge Harry Potter, von seiner Stieffamilie schikaniert, besiegt am Ende das Böse. Vaterlose Söhne wie die Politiker Willy Brandt, Gerhard Schröder, der frühere US-Präsident Bill Clinton, Arnold Schwarzenegger oder große Künstler, Musiker und Schauspieler wie Eric Clapton, Jack Nicholson und die Hollywood-Legende Greta Garbo gewannen einem steinigen Grund dennoch Karrieren und ein erfülltes Leben ab.

Eric Clapton und Jack Nicholson hielten beide für lange Zeit die Großeltern für ihre leiblichen Eltern. Clapton lernt seine Mutter mit neun Jahren kennen, doch sie weist ihn ab – er solle seine Großeltern weiter als Eltern betrachten. Nicholson erfuhr die Wahrheit über seine Herkunft gar erst als erwachsener Mann von 37 Jahren. Seine leibliche Mutter hielt er bis dahin für seine Schwester.

Greta Garbo, Halbwaise und Tochter aus armem Haus, besserte mit vierzehn Jahren als „Einseifmädchen" beim Friseur die Familienkasse auf. Schwarzenegger, der spätere Gouverneur von Kalifornien, wuchs als Hauptschüler mit den Prügeln und Kopfnüssen eines kleinbürgerlichen Vaters in der Steiermark auf. Brandt, Schröder und Clinton verdankten ihre Kraft der Widerständigkeit prachtvoller Mütter, von denen sie bedingungslos geliebt wurden. Clinton fand ein Stück Heimat und Selbstvertrauen in seiner intelligenten Mutter und der spezifischen amerikanischen Kultur mit ihren Vereinen, Schulclubs und Nachbarschaftstreffs. Hier konnte sich die besagte *Resilienz* ausbilden: Selbstvertrauen, strapazierfähige Standfestigkeit der Seele, Vertrauen in die eigenen Ressourcen.

Der Bindungsforscher und englische Kinderarzt John Bowlby und seine Mitarbeiterin Mary Ainsworth definierten vier klassische Bindungsmuster aus der Kindheit, die ich bereits in meinem Buch „BindungsAngst. Die Strategie des Selbstboykotts" (emu Verlag) ausführlich beschrieben habe. Hier ein kurzer Abriss ihrer Theorie:

Das *sichere Bindungsmuster* bedeutet eine stabile, grundsätzlich verlässliche, warme und anerkennende Eltern-Kind-Beziehung. Das *vermeidende Bindungsmuster* praktizieren Eltern, die dem Kind oft ausweichen, es allein lassen und, aus welchen Gründen auch immer, zur häufigen Einsamkeit verurteilen. Das *ambivalente Bindungsmuster* bedeutet für das Kind eine Achterbahn der Gefühle. Da erlebt etwa ein Internatskind in den Ferien die fast überschwängliche Zuwendung der Eltern, um sich bald wieder seelisch einsam und verlassen innerhalb der Internatsmauern wiederzufinden. Das *desorganisierte Bindungsmuster* bedeutet die elterliche Misshandlung oder radikale Ablehnung gegenüber dem Kind – im Extremfall, wie bei den rumänischen Waisenkindern, die totale Abwesenheit der Eltern.

Wie jedoch die oben erwähnten prominenten Beispiele zeigen, sind Kinder in ihrer Liebes- und Anerkennungsbedürftigkeit nahezu unerschöpflich kreativ. Sie können all ihre Liebe auf einen Elternteil konzentrieren und schon in frühen Jahren nährende Bindungen zu Gleichaltrigen und Erwachsenen in ihrem Umfeld aufbauen. Bei Harry Potter sind es die Freunde Ron und Hermine sowie der väterliche Humanist und Schuldirektor Dumbledore.

Die Welt ist ein Geber und ein Nehmer. Sie kann unserem Ich die Unbefangenheit, die Selbstachtung und Liebesfähigkeit nehmen oder reduzieren. Sie kann uns aber auch aus ihrem Füllhorn beschenken und unser verkümmertes Ich zum Blühen bringen. Unser Ich entsteht weitgehend in Kindheit und Jugend. Es reift oder verwelkt aber dennoch auch danach durch oft unbewusst empfangene Prägungen von außen in allen vier Jahreszeiten unseres Lebens.

Wo die Elternwelt geistig arm ist, kann die Außenwelt das Kind reich und kompensatorisch beschenken. Sarah (72), erinnerte sich in meiner Praxis: „Meine Eltern, nüchterne Geschäftsleute, waren unmusisch. Gegen ihren Willen erkämpfte ich, als einziges von fünf Kindern, privaten Musikunterricht. Meine großartige Geigenlehrerin führte mich nicht nur in die Welt von Bach bis Brahms, sondern auch in die Literatur von Walther von der Vogelweide über Goethe bis Fontane ein. Promt bin ich Musik- und Deutschstudienrätin geworden." Eine ähnliche inspiratorische Gabe erlebte der spätere Galerist Leonard (siehe Seite 129) von seinem kunstbegeisterten Onkel. Wie sagt das Sprichwort: Gaben brechen Felsen.

Nichts ist komplizierter als das Psychogramm eines Menschen. Denn er ist nicht unbeschränkter Herrscher im Haus seines Seins. Er ist, vor allem solange er sich selbst nicht begriffen hat, ein Diener seines Unbewussten, frei nach der Beobachtung Nietzsches:

„Der Intellekt ist ein Knecht des Willens." Will ich mein Ich entwickeln, so muss ich es in seiner Formung und Verformung durch die Welt begreifen.

C. G. Jung charakterisiert diesen Komplex des Unbekannten in uns (in *Gesammelte Werke* 18/II) mit folgenden Worten: „Der Mensch lebt wie einer, dessen eine Hand nicht weiß, was die andere tut. Die Erkenntnis, dass wir mit der Existenz eines Unbewussten rechnen müssen, ist eine revolutionierende Tatsache. Das Gewissen als ethische Instanz reicht nur so weit als das Bewusstsein." Die Folge der Selbstignoranz ist nach C. G. Jung fatal: „Wo der Mensch aber nicht weiß, kann er die wunderlichsten oder furchtbarsten Dinge anstellen, ohne sich Rechenschaft zu geben und ohne etwas zu ahnen von dem, was er tut. Unbewusstes Handeln erscheint immer als selbstverständlich und wird daher nicht kritisch überlegt. Man ist da erstaunt über die unverständliche Reaktion in der Umgebung, der man auch die Verantwortung dafür überlässt, d. h. man sieht nicht, was man selber tut, und für alle Folgen, die aus solchem Tun entstehen, sucht man die Ursachen bei den anderen." Dann wird auch die Welt zum Rätsel.

Was unsere Aufgabe ist, hat Picasso formuliert: „Als Kind ist jeder ein Künstler. Die Schwierigkeit liegt darin, als Erwachsener einer zu bleiben."

Die Pubertät

Ich befahl, mein Pferd aus dem Stall zu holen. Der Diener verstand mich nicht. Ich ging selbst in den Stall, sattelte mein Pferd und bestieg es. In der Ferne hörte ich eine Trompete blasen, ich fragte ihn, was das bedeutete. Er wusste nichts und hatte nichts gehört. Beim Tore hielt er mich auf und fragte: ,Wohin reitet der Herr?' ,Ich weiß es nicht', sagte ich, ,nur weg von hier, nur weg von hier. Immerfort weg von hier, nur so kann ich mein Ziel erreichen.' ,Du kennst also Dein Ziel?', fragte er. ,Ja', antwortete ich, ,ich sagte es doch. Weg von hier – das ist mein Ziel.'"

Franz Kafka
Der Aufbruch

In Adalberts Stifters Meisterwerk reflexiver Besinnlichkeit *„Nachsommer"* (1857) lesen wir: „Das Heiligste in uns sagt, dass die Eltern geehrt werden müssen, dass das Band zwischen Eltern und Kind nicht zerstört werden darf, wenn auch das Herz bricht." Das stimmt und das stimmt nicht. Warum?

Ist schon die umgebende Welt für das Kind eine Fundgrube bei der Herausbildung seines Ichs, so gerät es beim Eintritt in die Pubertät geradezu in eine Großbaustelle. Sie ist chaotisch, oftmals verschlammt, ein unfertiger Rohbau, aus dem das Haus der Zukunft entstehen soll. Das Kinderland ist abgebrannt. Es beginnt die Suche nach einem neuen Ich.

DAS GIBT ERST DEM MENSCHEN
SEINE GANZE JUGEND,
DASS ER FESSELN ZERREIßT.
(Friedrich Hölderlin)

Das geht nicht ohne rasante Konflikte ab. Erwachsenwerden ist anstrengend, störend – und lustvoll. Für die Eltern ist es oft eine mittlere Katastrophe, wenn sich das bisher so gefällige Kind mit seinen reizenden Grübchen über Nacht zum feindseligen Pubertierenden mit Reißzähnen verwandelt. Dabei hat der aggressive Wandlungsprozess meist viel mit den Eltern und ihren geheimen Unstimmigkeiten zu tun. Pubertierende spiegeln gnadenlos offen und provokativ den Schatten ihrer Erzeuger. So weit die Theorie – wagen wir uns nun an die Praxis.

Roland (19), einziges Kind eines Berufschullehrers und einer Versicherungskauffrau, hatte sich seit seinem sechzehnten Geburtstag in einen aggressiven Rockmusiker und Nestflüchter verwandelt. Roland schloss sich tagsüber in seiner chaotischen, schwarz angestrichenen Bude ein, hörte und machte Abend für Abend bis nach Mitternacht bei seinen Kumpels „höllische" Musik, wie die Eltern es nannten. Weil sie Roland den Hausschlüssel abgenommen hatten, klingelte er sie rabiat aus dem Schlaf. Weder freundliche Ermahnungen noch Verbote der Eltern fruchteten. Mit Achtzehn zog Roland mit seiner Punk-Freundin in ein besetztes Haus, kiffte und praktizierte stürmischen Sex. Bemerkenswerterweise versäumte er jedoch keinen Tag in der Schule. Er lernte vielmehr konzentriert für sein Abitur, weil er Theaterwissenschaft und Dramaturgie studieren wollte. Was war passiert?

Die Eltern malten mir ihren verlorenen Sohn in düsteren Farben. Sie nannten ihn verwahrlost und undankbar. Seine Punk-Freundin sei eine „Hexe" und eine „Schlampe", behaupteten sie. Sie führe ihn ins Elend. Außerdem könne Roland mit seiner „idiotischen Theaterwissenschaft" nie die „Butter aufs Brot" verdienen. Ich bat Roland in eine gesonderte Sprechstunde zu mir, und, o Wunder, er kam in Begleitung seiner Freundin. Das Erste, was mir auffiel, sie war weder eine Hexe noch eine Schlampe, sondern unkonventionell, mutig und bis in ihr rebellisches Outfit wahrhaftig. Sie war, wie sie sagte, einem spießig-neureichen Unternehmerhaushalt entronnen und hatte „die Platte geputzt". Auch Roland empfand ich als zwar unbequem und ruppig, aber als authentisch und gradlinig. Was er mir erzählte, war die verborgene Not der elterlichen Ehe.

Roland berichtete: „Wir haben ein Familiengeheimnis, das unter keinen Umständen herauskommen darf: Mein Vater trinkt seit Jahren. In der Schule, in der Familie und bei den Nachbarn darf das nicht bekannt werden. Meine Eltern sind ja so korrekt. Sie gehen jeden Sonntag in die Kirche. Unser Haus glänzt vom Keller bis zum Dach vor lauter Ordentlichkeit. Tatsächlich aber streiten sich meine Eltern, seitdem ich sie kenne, hinter den Mauern dieser scheinbaren Idylle wie die Kesselflicker. Mutter beschimpft ihn wegen seiner Sauferei. Er kontert, dass sie ihn sexuell frustriere. Beides dürfte stimmen. Ich habe bis zu meinem sechzehnten Geburtstag eine

Rolle übernommen, die mich überfordert hat: Ich spielte den Vermittler und Versöhner zwischen beiden. Ich hatte Knochenangst, dass sie sich scheiden lassen würden. Ich war der liebe Junge, der Sonnyboy, der ihnen immer nur Freude machen wollte. Sie hatten so viele Probleme miteinander, dass ich meine eigenen Ängste vor ihnen verstecken musste. Ich hätte eigentlich ein Taschengeld als Eheberater bekommen müssen, denn die beiden heulten sich wechselseitig bei mir aus. Vor lauter Hilfestellung für sie verlor ich mich selber aus den Augen."

Roland wusste nicht mehr weiter: „Mit fünfzehn hatte ich zum ersten Mal Suizidgedanken. Dann ist tatsächlich ein Junge aus unserer Schule von einer Autobahnbrücke in den Tod gesprungen. Das hat mich völlig schockiert, da bin ich aufgewacht. Ich habe mich von meinen Eltern innerlich abgewandt und mein eigenes Leben zu leben begonnen. Das ist besser, dachte ich, als mir das Leben zu nehmen. Ich erkannte, ich bin anders als meine Eltern. Sie sind Stubenhocker. Sie verlassen das Haus kaum. Sie kennen keine Lebensfreude und Enthusiasmus. Sexualität und Kunst sind ihnen fremd. Sie sind total angepasst. Ich wäre in diesem Mief erstickt, wenn ich nicht abgehauen wäre."

Roland ist in einer Art Überlebensaktion aus dem depressogenen Klima, dem malignen Familiengeheimnis des väterlichen Alkoholismus und der Co-Abhängigkeit der Mutter ausgebrochen. Die Eltern verharrten in ihrem kranken Paarsystem. C. G. Jung charakterisiert dieses „Schattentheater" zwischen Eltern und Kind (in *Gesammelte Werke*, 17,144) mit den Worten: „Die ‚participation mystique', das heißt, die primitive unbewusste Identität lässt das Kind die Konflikte der Eltern fühlen und darin leiden, als ob sie seine eigenen wären. Das ist sozusagen nie der offene Konflikt oder die sichtbare Schwierigkeit, welche die vergiftete Wirkung hat, sondern es sind die geheim gehaltenen oder unbewusst gelassenen Schwierigkeiten und Probleme der Eltern. Der Anstifter solcher neurotischer Störungen ist ohne Ausnahme das Unbewusste. Dinge, die in der Luft liegen und die das Kind unbestimmt fühlt, die niederdrückende Atmosphäre von Befürchtungen und Befangenheit dringen mit giftigen Dämpfen langsam in die Seele des Kindes ein."

Auf eine konfrontative Weise machte Roland seinen Eltern ein *verborgenes Abschiedsgeschenk* (Verena Kast). In ihrem Werk *Loslassen und sich selber finden* (1991) über die Ablösung von Kindern sieht die Psychoanalytikerin in dieser Abnabelung auch eine Chance zur Neuentwicklung der Eltern. Denn ihre Kinder „leben den Schatten des Familiensystems".

In der weiterführenden Paartherapie erkannten Rolands Eltern Otto und Brigitte ihren Anteil an dem Familiendrama. Sie begriffen, wogegen Roland protestierte: das ungelöste Alkoholproblem Ottos, die Co-Abhängigkeit Brigittes, ihrer beider Verpanze-

rung gegen die Außenwelt, ihren Kommunikations-
abbruch im privaten Bereich. Es hat mich als Paar-
therapeut regelrecht stolz gemacht, dass Otto in eine
Entzugsklinik ging und trocken zurückkehrte, Brigitte in der Al-Anon-Selbsthilfegruppe (für Partner
von Alkoholikern) ihre kranke Rolle reflektierte
und beide die ersten Schritte hinaus in die Welt unternahmen. Verena Kast sagt: „Es braucht viel Selbst-
einsicht und Ehrlichkeit, um auch in dieser Phase
eine gewisse Dankbarkeit aufzubringen für das, was
die Jugendlichen in uns beleben, letztlich auch für
den Aufruhr im Familiensystem, den sie hervor-
bringen."

Roland seinerseits wird natürlich lernen müssen,
seine Eltern wieder zu entdecken und sie neu zu
achten. Aber er ist dem Entwicklungsgesetz des Lebens gefolgt. C. G. Jung formuliert es (in *Gesammelte Werke 4,162*) wie folgt: „Es ist nicht nur kein
Wunder, sondern sogar eine häufige Erfahrung, dass
Konflikte ausbrechen zwischen jener Persönlichkeit, die durch die Erziehung und die sonstigen Einflüsse des infantilen Milieus geformt wurde, und der
eigentlichen individuellen Lebensrichtung. Diesem
Konflikt verfallen alle die Menschen, die berufen
sind, ein selbstständiges und schöpferisches Leben
zu führen."

Unser Ich gestaltet sich im Drama der Pubertät physisch und psychisch revolutionär neu um. Das geht
nicht harmonisch ab. Das ist der Unterschied zwi-

schen Baum und Mensch. Der Baum wächst kontinuierlich, Jahresring um Jahresring. Der Mensch entwickelt sich kontinuierlich und diskontinuierlich zugleich. Erwachsen geworden, vergessen wir leicht, wie mühsam der Aufbruch unseres Ichs in eine neue Zeit war, welche Minderwertigkeitskomplexe, Ängste und Sehnsüchte uns beutelten und wie aufregend dieser Weg doch gleichzeitig verlief. Das Erwachsenwerden ist wie ein Haus am Umzugstag: ein einziges Chaos.

In manchen Fällen läuft der innere Konflikt derart aus dem Ruder, dass es zum kriminellen Drama kommt. Der 15-jährige Amokläufer Tim Kretschmer liebte Waffen und Computerspiele. In seiner über längere Zeit schleichend gewachsenen Parallelwelt war er für die gutbürgerlichen Eltern unerreichbar geworden. Der vereinsamte Einzelgänger stürzte sich im März 2009 in eine Orgie der Gewalt, eine Serie von Exekutionen. Der Realschüler aus Winnenden tötete fünfzehn Menschen und am Ende sich selbst. In der Suizidstatistik stehen Jugendliche, gleich nach den über Achtzigjährigen, an zweiter Stelle.

Welchen Kraftakt der kritische Umbau des Ichs in dieser Lebensphase bedeutet, hat Hermann Hesse in seinem bis heute lesenswerten Bestseller *Demian* (1919) in eindrucksvolle Stimmungsbilder gerückt. Emil Sinclair, der pubertierende Antiheld, steckt voller Ambivalenzen: „Vermutlich litten meine El-

tern unter diesem Zustand nicht wenig. Es war ein fremder Geist über mich bekommen, ich passte nicht mehr in unsere Gemeinschaft, die so innig gewesen war, und nach der mich oft ein rasendes Heimweh wie nach verlorenen Paradiesen überfiel."
Zum ersten Mal hat Emil Geheimnisse gegenüber seinem Vater: „Es war ein erster Riss in die Heiligkeit des Vaters, ein erster Schnitt in die Pfeiler, auf denen mein Kinderleben geruht hatte, und die jeder Mensch, ehe er selbst werden kann, zerstört haben muss. Aus diesen Erlebnissen, die niemand sieht, entsteht die innere, wesentliche Linie unseres Schicksals. Solch ein Schnitt und Riss wächst wieder zu, er wird verheilt und vergessen, in der geheimsten Kammer aber lebt und blutet er weiter."

Emil hat nur selten in seinem Leben so tief erlebt und gelitten wie damals. Mit einem Fuß ist er bereits in der „zweiten Welt" der erwachsenen Sinnsuche und des Eros. Dann läuft er doch wieder, „ohne einen Blick nebenaus zu tun, in den Schoß der Mutter und die Geborgenheit einer umhegten, frommen Kindlichkeit zurück. Ich machte mich jünger, abhängiger und kindlicher als ich war ... So wählte ich, in meinem blinden Herzen, die Abhängigkeit von Vater und Mutter, der alten, geliebten ‚lichten Welt', von der ich doch schon wusste, dass sie nicht die einzige war."

Gott Eros lauert Emil auf: „Wie jeden Menschen, so fiel auch mich das langsam erwachsende Gefühl des

Geschlechts als ein Feind und Zerstörer an, als Verbotenes, als Verführung und Sünde. Was meine Neugierde suchte, was mir Träume, Lust und Angst schuf, das große Geheimnis der Pubertät, das passte gar nicht in die umhegte Glückseligkeit des Kinderfriedens. Ich tat wie alle. Ich führte das Doppelleben des Kindes, das doch kein Kind mehr ist … Wie fast alle Eltern, so halfen auch die meinen nicht den erwachsenen Lebenstrieben, von denen nicht gesprochen ward. Sie halfen nur, mit unerschöpflicher Sorgfalt, meinen hoffnungslosen Versuchen, das Wirkliche zu leugnen und in einer Kinderwelt weiter zu hausen, die immer unglücklicher und verlogener ward."

Es nützt alles nichts. Emil kann nicht länger „am Traum vom verlorenen Paradies" festhalten, er muss das „Zusammenbrechen der Kindheit" annehmen, „wenn alles Liebgewordene uns verlassen will und wir plötzlich die Einsamkeit und tödliche Kälte des Weltraums um uns fühlen". Emil ist, wie die meisten Pubertierenden, fassungslos: „Es wurde nun alles anders. Die Kindheit fiel um mich her in Trümmer. Die Eltern sahen mich mit einer gewissen Verlegenheit an, die Schwestern waren mir ganz fremd geworden. Eine Ernüchterung verfälschte und verblasste mir die gewohnten Gefühle und Freuden, der Garten war ohne Luft, der Wald lockte nicht, die Welt stand um mich her wie ein Ausverkauf alter Sachen, fad und reizlos, die Bücher waren Papier, die Musik war ein Geräusch … Die Liebenswürdigkeit des Knaben war ganz von mir geschwunden. Ich fühlte selbst, dass man mich so nicht lieben könne, ich liebte mich selber auch keinesfalls."

Emil grollt sich in eine Einsamkeit hinein und probiert gleichzeitig den alkoholischen Rausch als Aufstand: „Es war nicht schön, es war äußerst qualvoll, und doch hatte auch das noch etwas, einen Reiz, eine Süßigkeit, war Aufstand und Orgie, Leben und Geist." Die neue Identität hat noch fratzenhafte Züge: „Meine Mutter erschrak, als sie mich wieder sah. Ich war noch mehr gewachsen, und mein hageres Gesicht sah grau und verwüstet aus, mit schlaffen Zügen und entzündeten Augenrändern. Der erste Anflug des Schnurrbartes und die Brille, die ich seit kurzem trug, machten mich ihr noch fremder."

Am Ende findet und erfindet sich Emil Sinclair neu. Er erkennt: „Jeder muss einmal den Schritt tun, der ihn von seinem Vater, von seinen Lehrern trennt, jeder muss etwas von der Härte der Einsamkeit spüren, wenn auch die meisten Menschen wenig davon ertragen können und bald wieder unterkriechen." Schließlich: „Es gab keine, keine, keine Pflicht für erwachte Menschen als die eine: sich selber zu suchen, in sich fest zu werden, den eigenen Weg vorwärts zu tasten, einerlei wohin er führte ... Ich war ein Wurf der Natur, ein Wurf ins Ungewisse ..., und diesen Wurf aus der Urtiefe auswirken zu lassen, seinen Willen in mir zu fühlen und ihn ganz zu meinem zu lassen, das allein war mein Beruf. Das allein!"

Zwischen Snoopy-T-Shirt und erstem Kuss erlebte die fünfzehnjährige Angela die innere Unruhe der weiblichen Ichwerdung im Spannungsfeld von Scham, Sinn und Sinnlichkeit. Sie schwankte, wie mir die inzwischen Vierundzwanzigjährige an Hand ihres damaligen Tagebuches erzählte, zwischen Weiblichkeitsverweigerung auf der einen Seite und erotischer Provokation andererseits. Angela: „Ich habe mich verhältnismäßig spät entwickelt und war mit meinen Puppen, Katzen und Meerschweinchen eine Außenseiterin in meiner Mädchenklasse. Die präsentierten sich mit ihrer Girlie-Ausrüstung und gepierctem nacktem Nabel bereits den Kerlen, während ich mich noch mit Kuscheltieren umgab. Ich versuchte dann vergeblich, mich zur Modelschönheit herunterzuhungern. Am Wochenende habe ich auch schon mal das Essen auf der Toilette wieder herausgekotzt. Ich hasste es, ein Mädchen zu sein und empfand die Regelblutung als eine Bestrafung.

Dann wuchs ich plötzlich von selbst, wurde schlank und richtig hübsch. Jetzt wurde ich auch in die Mädchenclique aufgenommen, zu Partys eingeladen. Wir tauschten Klamotten, Schmuck und Schuhe. Plötzlich blickten mich auch die Jungen an, und ich wurde richtig versessen auf sie! War ich hübsch genug, würde ich den Star der Klasse in mich verliebt machen? Mit wem würde ich kuscheln und knutschen? Meine Gedanken drehten sich nur noch darum. Die Schule war mir schnurzegal. Tagsüber und manchmal auch abends schlich ich mich zu den auf-

regenden Treffpunkten von Halbwüchsigen bei Mc-
Donalds oder im Stadtpark. Wenn ein Junge meine
feurigen, mit dickem Lidschatten dramatisierten
Blicke nicht erwiderte, war ich tagelang krank vor
Liebeskummer und wollte sterben. Bei meiner
Freundin schluchzte ich dann so erbärmlich, als ob
Haus, Eltern, Katzen und Meerschweinchen einem
Brand zum Opfer gefallen wären. Ich sehnte mich
danach, endlich zwanzig Jahre alt und ‚erwachsen'
zu sein."

Was Angela erlebte, war das *Frühlingserwachen*,
welches der Dichter Wedekind vor fast hundert Jahren mit seinem gleichnamigen, seinerzeit skandal-
trächtigen, Theaterstück ins Bild gerückt hat: die
Irrungen und Wirrungen der Geschlechtlichkeit.
Der Dichter Alfred Lichtenstein hat diese Unord-
nung und frühes pubertäres Leid um 1910 lyrisch in
Worte gefasst:

Mädchen

Sie halten den Abend der Stuben nicht aus.
Sie schleichen in tiefe Sternstraßen hinaus.
Wie weich ist die Welt im Laternenwind!
Wie seltsam summend das Leben zerrinnt ...

Sie laufen an Gärten und Häusern vorbei,
Als ob ganz fern ein Leuchten sei,
Und sehen jeden lüsternen Mann
Wie einen süßen Heiland an.

Gegen die überschäumenden Emotionen, Wutanfälle, Abschottungen und das Fluchtverhalten ihrer pubertierenden Töchter sind Eltern plötzlich machtlos. Von der Angst um die lieben Kinder (die sie nicht mehr sind!) getriebene Kontrollversuche laufen ins Leere. Sie vertiefen lediglich die bereits bestehende Kluft. Auch wenn es für Eltern schmerzhaft ist: Sie müssen den ihrem Machtbereich entgleitenden Kindern Vertrauen schenken – Vertrauen in das menschliche Kapital, das sie in sie gesteckt haben.

Wie unsinnig und hoffnungslos es ist, Jugendliche mit einem „Keuschheitsgürtel" beschützen zu wollen, habe ich ausführlich in meinem Buch *Dornröschen. Der Schlaf des Mädchens und das Erwachen als Frau* (emu Verlag) analysiert: Eine böse Fee verflucht die Königstochter. In ihrem fünfzehnten Jahr werde sie sich an einer Spindel „stechen und tot hinfallen". Panisch ergreift der König radikale Maßnahmen – er erteilt den grotesken Befehl, alle Spindeln im Königreich zu verbrennen. Es nützt alles nichts. Natürlich entdeckt das Mädchen, exakt im prophezeiten kritischen Alter, in einer „verborgenen Kammer" des Schlosses so eine „gefährliche" Spindel. Sie fragt die alte Frau: „Was ist das für ein Ding, das da so lustig herumspringt?" Deutlicher kann man, psychoanalytisch gesehen, die Entdeckung des Penis wohl kaum symbolisieren.

Kein Grund für eine Jugendliche im 21. Jahrhundert, wie Dornröschen in den „hundertjährigen

Schlaf", das heißt in eine Seelenkatatonie zu verfallen. Wer ein flügge gewordenes Mädchen im goldenen Käfig einsperrt, sollte sich nicht wundern, wenn der Freiheitsvogel bei der ersten Gelegenheit zum Rendezvous durchs Turmfenster flüchtet. Eine Tochter bleibt auf die Dauer, Göttinnen sei Dank, kein „liebes Kind". Bleibt sie es, gegen alle Entwicklungsgesetze des Lebens, doch, droht die seelische Verkrüppelung. Zu dieser Problematik lässt auch Dornröschens duldende Schicksalsgefährtin Schneewittchen aus ihrem Glassarg grüßen.

Es ist die Sexualität, die das kindliche Ich tötet. Die Publizistin Barbara Sichtermann modelliert diesen Skandal der aufbrechenden Sexualität in ihrer Untersuchung *Pubertät. Not und Versprechen* (2007) mit ungewöhnlicher Schonungslosigkeit: „Man muss versuchen, die ganze Inszenierung der Pubertät mit all ihren Bizarrerien und Exzessen von der erwachenden Sexualität her zu verstehen. Nur dann kommt man dahinter, wie alles zusammenhängt … Die Sexualität sollte als eine Macht angesehen werden, welche die geistige Ordnung und die körperliche Integrität der kindlichen Persönlichkeit zerstört und die deshalb in dieser biografischen Epoche eine psychophysische ‚Baustelle' ausrichtet, deren Anblick und Ausstrahlung einfach nicht üblich und harmonisch sein k a n n. Man darf sich im Gegenteil die Verwüstungen, die von der Libido in die meist sorgfältig gepflegten Gärten der kindlichen Seelenlandschaft hineingetragen werden, gar nicht wild und abschreckend genug vorstellen. Natürlich gibt es immer Ausnahmen von erstaunlich glatt durch die Turbulenzen der Pubertät durchgleitenden Kindern. Aber die meisten werden von starken inneren Spannungen hin und her geschleudert, und selten gehen diese Kämpfe ohne Wunden, auch auf Seiten der Begleitpersonen, also der Eltern und Pädagogen ab." Und: „Der härteste Verlust, den Kinder erleiden, wenn sie aufhören, Kinder zu sein, ist der Schwund des bedingungslosen Vertrauens in die Eltern. Kein Kind, das nicht mit Schuldgefühlen auf diesen Bruch reagierte."

Barbara Sichtermann spricht von einem doppelten Bruch in der Kind-Eltern-Beziehung. Das Kind bleibt nicht mehr Kind, die Eltern nicht mehr Eltern im herkömmlichen Sinn: „Es beginnt damit, dass Eltern wissen müssen: Wenn die Pubertät ihres Kindes sich ankündigt, haben sie ihre Elternrolle ausgespielt. Natürlich sind sie weiterhin ‚da‘, sie sind sogar als Freunde, Hilfskräfte, Gegenspieler und Widersacher ganz besonders gefragt. Aber sie sind nicht mehr die Eltern von Kindern. Sie sind nicht mehr die Instanz, die entscheidet, erklärt, Wege ebnet, Perspektiven öffnet und tendenziell auf jede Frage eine Antwort hat. All diese Kompetenzen laufen aus und verfallen – was oftmals für Eltern nicht leicht mit anzusehen ist. Aber es gibt keinen Ausweg."

Mit besonderer dichterischer Eindringlichkeit hat, worauf Barbara Sichtermann hinweist, Goethe in

seinem Gedicht *Der Erlkönig* den pubertären „Tod"
symbolisch verdichtet. Man kann diese Ballade nämlich auch psychoanalytisch als das Ende der Kindheit und ihrer sexuellen Latenzphase deuten. Da
reitet ein Vater durch „Nacht und Wind" des Unbewussten. Er versucht, den Sohn im alten Urvertrau-
en „sicher" und „warm" zu halten. Können wir ein
Kind halten? Können wir einen Heranwachsenden
halten, der nicht mehr gehalten werden will? C. G.
Jung meint dazu (in einem seiner *Briefe*, I 227): „Im
Prinzip bin ich immer dafür, dass sich die Kinder sobald wie möglich von den Eltern trennen, wenn sie
ein reifes Alter erreicht haben. Die Eltern müssen
wissen, dass sie Bäume sind, von denen die Früchte
im Herbst abfallen."

Der leib-seelische Umbruch drängt unaufhaltsam an
die Oberfläche. Das Kind-Ich bäumt sich unbewusst dagegen auf. Es wehrt sich gegen die Funk-
tionalisierung seines Körpers im Dienst der Fort-
pflanzung. Die Attacke der Hormone empfindet es
oft wie einen beschämenden Überfall. Die „dunkle"
Natur legt mit ihrem Fruchtbarkeitsprogramm einfach los, wie Barbara Sichtermann drastisch formuliert, „produziert Hormone, Mitesser, Schweißge-
ruch, Schamhaare, prickelnde Brustwarzen, sprie-
ßendes Barthaar, Blutstropfen zwischen den Scham-
lippen, eine umkippende Stimme, einen Adams-
apfel." Die eigene Körperlichkeit wird plötzlich
unberechenbar und lästig. Kindliche Gesichtszüge
werden weiblich-sinnlich, männlich-kantig. Das

Weiblichkeitshormon Östrogen und das Männlichkeitshormon Testosteron leisten ganze Arbeit.

Das macht Angst. Deshalb verbirgt der Sohn im „Erlkönig" bang sein Gesicht – er sieht, was der Vater nicht sieht: König Eros „mit Kron und Schweif". Der Vater wiegelt ab, spricht von einem „Nebelstreif"… Eltern wollen in der Regel die Sexualisierung ihres Kindes nicht wahrnehmen. König Eros hingegen lädt den jungen Mann an sein Ufer ein, verspricht ihm „gar schöne Spiele" und „bunte Blumen", auch manch „gülden Gewand" – die niedlichen Kinderkleider werden ersetzt durch die Gewänder des Erwachsenen. Der Pubertierende ist in seiner neuen Erscheinung kaum wiederzuerkennen. Anders als der Vater nimmt der Erlkönig die sexuelle Attraktivität des Erblühenden wahr. Er bietet leise, aber umso eindringlicher die Initiation in die Sexualität: „Meine Töchter sollen dich warten schön;/ meine Töchter führen den nächtlichen Reihn,/Und wiegen und tanzen und singen dich ein."

Überall locken Erlkönigs Töchter einen Jungen in die Mannwerdung. Sie fordern geradezu seine Männlichkeit heraus. Er selbst spürt die Lust und die Angst, verführt zu werden. Aber der Vater will all das nicht wahrhaben. Er bagatellisiert und spricht von Halluzinationen, von „alten Weiden so grau". Vor nichts hat er mehr Angst, als den Sohn an die Frauen zu verlieren. Aber König Eros lässt nicht nach. Er ist eine Urgewalt, auf Dauer nicht zu bremsen: „Ich liebe dich, mich reizt deine schöne Gestalt;/Und bist du nicht willig, so brauch ich Gewalt." Es ist die Gewalt der Leidenschaft, die Leiden schafft: „Mein Vater, mein Vater, jetzt fasst er mich an! Erlkönig hat mir ein Leid getan!"

Der erste nächtliche Samenerguss ist für den Jungen ähnlich dramatisch wie die erste Monatsblutung für das Mädchen, eine Welturaufführung. Das kindliche Paradies schließt sich, der junge Mann verliert die „Unschuld" naiver Unbefangenheit und Selbstbezogenheit, die Sexualität fasst ihn rücksichtslos, unumkehrbar und für alle Zeiten seines Lebens an. Kein Wunder, dass der Knabe im „Erlkönig" ächzt, wird er doch Lust und Last der Sexualität über Jahrzehnte hinaus nicht mehr entkommen. Väter versuchen mit allen Kräften, ihre Söhne vor dem zu bewahren, was da unabwendbar auf sie zukommt. Sie halten sie so lange wie möglich ab von Discobesuchen, der Lektüre einschlägiger Sexfilme, Parties, Rockkonzerten, vom verrufenen Jugendzentrum der sonst so idyllischen Kleinstadt.

An all diesen Orten endet der lange Arm liebevoller, besorgter Autorität. Es entstehen elterliche „No-go-Areas", autonome Zonen, in denen Heranwachsende das eigene Fühlen und Verhalten erproben – und in denen sie sich der unmittelbaren Richtungsweisung ihrer Eltern entziehen. Dazu gehört, als mit Abstand stärkste treibende Kraft, der mitreißende Strom erwachender Geschlechtlichkeit. Dagegen ist kein Kraut gewachsen. Alle „Müh und Not" des geschwind reitenden Vaters nützen nichts. So wenig wie Dornröschens Vater seine „neu-gierige" Tochter vor dem Stich der „Spindel" bewahren kann, so unmöglich ist es, den Jungen von „Erlkönigs Töchtern" fernzuhalten.

Am Ende „in seinen Armen das Kind war tot" – der Sohn ist, im Sinn eines psychologischen Bildes, als K i n d gestorben. Der Vater hat den Sohn verloren. Eine neue Begegnung steht ihm nun bevor, die mit dem jungen Mann. Der ist irritierend fremd geworden. Er ist eigenständig und widerspenstig. Später begegnen sich beide in einer völlig neuen Dimension, auf der Erwachsenenebene.

Dass es überhaupt möglich ist, aus den massiven Wirrungen der Pubertät letztendlich als gefestigter Charakter hervorzutreten, beweist die unglaubliche Wandlungsfähigkeit des Ichs. Wir dürfen stolz darauf sein. Wir wissen seitdem, dass wir für die Krisen des Lebens ein erprobtes Lösungsrepertoire besitzen. Aber die Nöte dieses Umschmelzungsprozesses dürfen wir nicht verdrängen. Robert Musil hat das Gewalttätige der pubertären Individuationsphase 1906 in seinem psychologischen Meisterwerk *Die Verwirrung des Zögling Törleß* mit grausamem Realismus beschrieben. Die Erzählung schildert ein böses Gruppenabenteuer, in das der brave Törleß in der Kadettenanstalt hineingerät. Im Internat lässt er sich auf eine Art Verschwörung gegen den Mitschüler Basini ein, ein weicher, haltloser Junge von anziehender mädchenhafter Schönheit. Basini wurde bei einem Diebstahl ertappt. Die Jungen beschließen, den Dieb zu bestrafen, indem sie Basinis Willen brechen, ihn zusammenschlagen und sexuell missbrauchen.

Törleß macht bei den Vergewaltigungen nicht mit, schaut aber zu. Er ist abgestoßen und zugleich fasziniert: „Zu seinem Befremden erkannte Törleß, dass er sich in einem Zustand geschlechtlicher Erregung befand. Er schämte sich dessen, aber …". Die Gebrochenheit und Orientierungslosigkeit eines solchen „abstürzenden" Charakters macht uns heute noch ebenso ratloses Unbehagen. Wenn sich reale Gewalt- oder Sexualvergehen unter Jugendlichen ereignen, wirkt fast immer eine fatale Gruppendynamik mit. Oft agieren ein oder mehrere physische Täter die latenten Aggressionen der passiv Beteiligten aus. Die Schaulustigen empfinden „Schau-Lust".

Weitaus dezenter, liebevoller, aber dennoch ambivalent erfährt die siebzehnjährige Heldin Cécile in Françoise Sagans Roman *Bonjour tristesse* (1954) die Gewalt der Geschlechtlichkeit. Während eines spannungsreichen Urlaubs an der Riviera kommt es mit dem Studenten Cyril zu libidinösen Verwirrungen: „Ich spürte seinen Körper, erkannte ihn wieder und wurde mir meines eigenen Körpers bewusst, der an seinem aufblühte. Ich küsste ihn leidenschaftlich, ich wollte ihm weh tun, ich wollte ihm ein Zeichen aufdrücken, damit er mich in keinem Augenblick dieses Abends vergessen könne, damit er nachts von mir träumen müsse. Denn die Nacht würde endlos sein ohne ihn, ohne seinen Körper an meinem, ohne sein Verstehen, seine jähe Leidenschaft und seine langen Zärtlichkeiten."

Ob Törleß oder Cécile, ob Junge oder Mädchen, die Pubertät erfasst das jugendliche Ich mit der Gewalt eines Orkans und schleudert es an das Ufer der Erwachsenheit. Hugo von Hofmannsthal (1874–1929) hat diesen Sturm des Körpers und der Gefühle in einem unheimlichen Gedicht fixiert:

Das ist ein Ding, das keiner voll aussinnt
Und viel zu grauenvoll, als dass man klage,
Dass alles gleitet und vorüberrinnt,
Und dass mein eignes Ich durch nichts gehemmt,
Herüberglitt aus einem kleinen Kind,
Mir wie ein Hund unheimlich still und fremd.

Das pubertäre Ich steht im Dienst der Selbstwerdung. Der alte Hermann Hesse schrieb (1956) in einem Brief an ein Mädchen: „‚Sei du selbst', ist das ideale Gesetz, zumindest für den jungen Menschen, es gibt keinen anderen Weg zur Wahrheit und zur Entwicklung."

Die Berufung

Arbeit ist einer der besten Erzieher des Charakters.

Samuel Smiles
(1812–1904)
Charakter

*

Per aspera ad astra
Durch Mühsal zu den Sternen

Noch genießt das Ich in der Pubertät eine Art psychosoziales Moratorium, eine Aus- oder Vorzeit. Der Halbwüchsige muss noch nicht arbeiten. Er wird von den Eltern finanziert. Eine dünne Wand trennt ihn vom „Ernst des Lebens". Jirina Prekop konstatiert in ihren Erziehungsweisheiten *Von der Liebe, die Halt gibt* (2000): „In der Pubertät gilt das Vorbild der Eltern nicht mehr. Dies gehört zur Pubertät und macht den Eltern häufig Angst. Der Jugendliche aber hat das Recht, das Vorbild der Eltern in Frage zu stellen, sich gegen das Vorbild aufzubäumen, um sein eigenes Selbst-Weltbild zu erschaffen. Unter diesem Wissen sind kluge Eltern fürsorglich bemüht, rechtzeitig die Türe zu anderen Vorbildern außerhalb der Familie aufzuschließen."

MAN MUSS IN REINHEIT
UND MIT LIEBE SEINER BERUFUNG
ZU DIENEN GERECHT WERDEN.
(Leo N. Tolstoi, Tagebücher)

Meist hat das jugendliche Ich, vom gelegentlichen Jobben abgesehen, kein ausgeprägt positives Verhältnis zur Arbeit. Schülersprüche lassen etwas von dieser Wurstigkeit ahnen: „Alle reden von Energiesparen – ich spare meine." „Am Montag fühle ich mich wie Robinson – ich warte auf den Freitag." Oder: „Wenn du morgens schuftest wie ein Pferd, mittags arbeitest wie ein Ochse und abends müde bist wie ein Hund, musst du zum Tierarzt, weil du saublöd bist." Schließlich: „Es gibt viel zu tun – warten wir es ab!" Mit der Berufswahl, dem ersten Praktikum, dem Beginn der Lehre oder dem Antritt des Studiums macht das Ich gleichsam einen Sprung. Das Ich muss sich entscheiden, was es in seiner spezifischen Prägung werden will. Nietzsche sagt (in *Menschliches, Allzumenschliches*): „Ein Beruf ist das Rückgrat des Lebens."

Der vorberufliche Jugendliche ist oft noch ratlos über seinen Weg, ja, er fühlt sich häufig abgestoßen von dem Profitstreben der globalistischen Wirtschaft und ihrer marktradikalen Ideologen, er hasst den Götzen Mammon und die weltweite Umweltverschmutzung. Das kann sich bis zum Ekel über die menschlichen Verhältnisse steigern. Der Philosoph Jean Paul Sartre hat bereits 1938 in seinem erten Roman *Der Ekel* diese Grundstimmung atmosphärisch eingefangen. Es ist der Ekel vor der Zufälligkeit und der Sinnlosigkeit der Existenz, der den jungen Protagonisten Antoine erfasst, die bloße Existenz der Welt und ihrer Menschen. Die Welt gibt für ihn keinen Sinn und keine Notwendigkeit. Sie wirkt überflüssig. Er ist bis auf den Grund seiner Seele verunsichert: „Wir waren ein Häufchen Existierender, die sich selber im Weg standen, sich behinderten, wir hatten nicht den geringsten Grund, da zu sein, weder die einen noch die anderen, jeder Existierende, verwirrt, irgendwie unruhig, fühlte sich in Bezug auf die anderen zu viel." Alles Existierende entsteht ohne Grund, erkennt Antoine, setzt sich aus Schwäche fort und stirbt durch Zufall. Was soll die ganze Sinnlosigkeit, fragt er sich: „Ich wusste wohl, dass das die Welt war, die nackte Welt, die sich auf einmal zeigte, und ich erstickte vor Wut auf dieses dicke absurde Sein."

Antoine erkennt: Erst der Mensch, und nur er, vermag seiner Existenz Sinn und Notwendigkeit zu verleihen. Das geschieht in dem Moment, wenn er sich selbst durch einen Handlungsentwurf zum *Wesen* und damit zur unverwechselbaren Person macht. Eine junge Frau, die die Friseurausbildung beginnt, ein junger Mann, der als Lehrling die Schreinerei betritt – beide beginnen sich zu definieren, als künftige Friseurin, als angehender Schreiner. Die junge Mutter, die ihr erstes Kind an die Brust legt, der junge Ehemann, der dieses Kind zum ersten Mal windelt – beide entwerfen sich in diesem Augenblick neu: Das mütterliche Ich, das väterliche Ich feiern Premiere. Sartre resümiert: „Die wesentliche Konsequenz … ist, dass der Mensch, dazu verurteilt, frei zu sein, das Gewicht der gesamten Welt auf seinen Schultern

126

trägt: Er ist für die Welt und für sich selbst als Seinswaise verantwortlich."

Im Idealfall sollte der Beruf zugleich die *Berufung* sein und unserem innersten Wesen entsprechen. Nicht selten benötigt das jugendliche Ich eine wahre Odyssee, um zu diesem Ziel zu kommen. Denn schließlich weiß das Ich noch gar nicht, *welches* Ich es ist. Ich habe mich im Abiturjahr gequält, ob ich Medizin oder Geisteswissenschaften studieren sollte. Ich entschied mich dann für die Philosophie und die Philologie. Der Reichtum dieser Studiendisziplinen erfüllt mich bis auf den heutigen Tag. Der später ergriffene Beruf des Psychotherapeuten erlaubt mir, auf einer anderen Ebene, aber ähnlich wie ein Arzt, hilfreich mit Menschen umzugehen. Eugen Drewermann konstatiert (in *Das Markus-Evangelium*): „Es ist das Wichtigste, was wir im Leben lernen können: das eigene Wesen zu finden und ihm treu zu bleiben."

Die Entwicklung des Ichs läuft nicht auf einer geraden Strecke. Sie mäandert, das heißt, sie schlängelt sich durch die Lebenslandschaft wie ein wilder unbegradigter Bach. Gloria (41) hat mir den beruflichen Hürdenlauf ihres Ichs so beschrieben: „Mein Vater war Oberarzt an einem Krankenhaus. Ich erlebte ihn zwiespältig. Einerseits liebte er seinen Arztberuf über alles, andererseits schimpfte er ununterbrochen über den Stress und die Ausbeutung durch seinen Chef. Als ich achtzehn war, hatte ich die Schule satt. Andere Dinge beschäftigten mich viel mehr, vor allem meine geheime Beziehung zu einem fünfzehn Jahre älteren verheirateten Mann. Davon durften meine Eltern nichts wissen. Ich war auch faul und ein verwöhntes Gör. Meine Eltern haben mir alle Schwierigkeiten aus dem Weg geräumt. Ich bin dann, als die völlig instabile Liebesbeziehung zerbrach, ein Jahr als Au-pair-Mädchen nach Amerika gegangen. Zurückgekehrt jobbte ich mich so durch, mal als Animateurin in einem ‚Club Mediterranee‘, mal als Kellnerin in einem Szenelokal. Meine Beziehungen waren chaotisch. Da ich hübsch war, hatte ich viele Männer. Schließlich wurde ich schwanger, habe aber abgetrieben. Eines Tages traf ich meine alte Schuldirektorin, eine großartige, emanzipierte Frau. Sie lud mich in ein Café ein. Natürlich fragte sie mich, was ich denn beruflich mache. Ich stotterte grässlich herum. Das hat mich selbst beschämt.

In diesem Augenblick habe ich nachgedacht. Ich war mein Globetrotterdasein leid. Ich wollte etwas aus mir machen. Mit dreiundzwanzig Jahren bin ich noch einmal auf ein Schulkolleg gegangen und holte mein Abitur nach. Dann habe ich mich um einen Studienplatz der Medizin beworben. Es hat zwei Jahre lang gedauert, bis ich unter den strengen Numerus-clausus-Bedingungen eine Universität zugewiesen bekam. Die Wartezeit habe ich nicht vertrödelt, sondern als Hilfsschwester in einem Kinderkrankenhaus gearbeitet. Das vermittelte mir viele Kenntnisse, die ich heute noch gebrauchen kann: Ich bin Kinderärztin geworden. Ich liebe meinen Beruf sehr. Letztlich bin ich also auch bei der Medizin gelandet – wie mein inzwischen verstorbener Vater. Oft muss ich an die Verse aus Goethes Faust denken, die er so gern zitierte: „Den Arzt, der jede Pflanze nennt,/Die Wurzeln bis ins Tiefste kennt,/Den Kranken Heil, den Wunden Lindrung schafft,/Umarm' ich hier in Geist- und Körperkraft."

Im menschlichen Ich schlummern gewaltige Kräfte. Manchmal entfalten sie sich von selbst, manchmal müssen sie von außen geweckt werden. Leonard (56), ein erfolgreicher Galerist und Kunstlehrbeauftragter, fand in seinem Onkel einen Inspirator und gütigen Mentor. Leonard: „Meine Eltern waren nüchterne Geschäftsleute. Ihr Metier hat mich nicht sonderlich angezogen. Mich hat früh die Kunst fasziniert. Ich zeichnete und modellierte gerne. Nun hatten wir einen Onkel in der Familie, der hatte ein Geschäft für Bilderrahmungen. Er war kunstversessen. Er besaß hunderte von Kunstbänden und besuchte Ausstellungen im In- und Ausland, wann immer er nur konnte. Ich war jahrelang fast jeden Nachmittag bei ihm und stöberte in seinen Kunstbüchern. Als Patenonkel finanzierte er auch meine außerschulischen Zeichenkurse und nahm mich, je älter ich wurde, zu seinen Ausstellungsbesuchen mit. Er lobte meine zeichnerischen Arbeiten und ließ mich durch einen befreundeten Bildhauer in dessen Arbeit einführen. Ich liebte meinen Onkel wie einen zweiten Vater. Er gab mir den Mut, die brotlose Kunstgeschichte zu studieren und mich gleichzeitig an der Akademie zum Kunstmaler ausbilden zu lassen. Zu seinem siebzigsten Geburtstag habe ich meinem Onkel ein Selbstportrait von mir als Maler vor der Staffelei geschenkt. Als Dank setzte ich die ersten Strophen von Goethes Gedicht *An Herkules* darunter*":*

In der Kindheit Schlaf begraben
Lag ich, wie das Erz im Schacht;
Dank, mein Herkules! Den Knaben
Hast zum Manne du gemacht,
Reif bin ich zum Königssitze
Und mir brechen stark und groß
Taten, wie Kronions Blitze,
Aus der Jugend Wolke los.

Eine wundervolle Art der Danksagung. Arbeit und Selbstachtung des Ichs hängen untrennbar zusammen. Der Mensch ist nach Kant das einzige Tier, das arbeiten muss. Das ist sein Fluch, aber auch sein Segen. Was ist ein reicher Nichtstuer? Er vertändelt seine Zeit. Ich habe in meinem therapeutischen Beruf einige Male Männer und Frauen erlebt, die als reiche Erben keinen Beruf ausübten, sondern die Zeit gleichsam mit Knüppeln totschlugen. Sie waren frustriert und durch die maßlose Freizeit überfordert. Sie wussten nichts mit sich anzufangen. Ihr Ich war gleichsam anämisch, blutleer. Außerdem empfand ich diese „reichen" Menschen in einer merkwürdigen Weise als seelisch arm und schutzlos. Das Ich braucht auch Routine, Halt an festen Abläufen, körperliche und geistige Anstrengung und Ablenkung, damit es nicht in einen Grübelzwang verfällt. Nietzsche formuliert diesen Wert eines Berufes (in *Menschliches, Allzumenschliches*) nicht ohne Sarkasmus: „Ein Beruf macht gedankenlos – darin liegt sein größter Segen, denn er ist eine Schutzwehr, hinter welche man sich, wenn Bedenken und Sorgen allgemeiner Art einen anfallen, erlaubtermaßen zurückziehen kann." Nicht umsonst sind trauernde Menschen nach einem Todesfall oder einer Trennung meist dankbar, sich beruflichen Aufgaben widmen zu können, anstatt in quälender Selbstversenkung zu erstarren.

Jede „Arbeit bringt Erfolg", heißt es in den Sprüchen Salomos (1423), „jedes Geschwätz führt nur zu Mangel". Nicht zufällig wird die Arbeitslosigkeit von den meisten Menschen als schlimme Kränkung empfunden. Hannoveraner Arbeitsmediziner wiesen in einer Studie über männliche Langzeitarbeitslose 2004 nach, dass diese zwanzig Mal (!) so häufig Suizidversuche unternehmen, signifikant öfter an Depressionen, Suchtverhalten wie Alkohol-, Nikotin-, TV- und Computerabhängigkeit, Herz-Kreislauf-Schäden und Erkrankungen am Bewegungsapparat leiden als ihre im Arbeitsleben stehenden gleichaltrigen Kollegen.

In seinem Traktat *Idee zu einer allgemeinen Geschichte in weltbürgerlicher Absicht* befand der Philosoph Immanuel Kant (1724–1804): „Alle Naturanlagen eines Geschöpfes sind bestimmt, sich einmal vollständig und zweckmäßig auszuwickeln … Die Natur hat gewollt: dass der Mensch alles, was über die mechanische Anordnung seines tierischen Daseins geht, gänzlich aus sich selbst herausbringe und keiner anderen Glückseligkeit oder Vollkommenheit teilhaftig werde, als die er sich selbst, frei von Instinkt, durch eigene Vernunft verschafft hat."

Kant sieht die ganze Ichbildung unter dem Sternzeichen der Arbeit. Er unternimmt eine Neudeutung des christlichen Paradiesmythos. Der Mensch wurde nach Kant nicht, weil er böse war, aus dem Paradies vertrieben. Er befreite sich selbst durch A r b e i t aus dem paradiesischen Lotterleben. Es würden nach Kant „in einem arkadischen Schäferleben, bei vollkommener Eintracht, Genügsamkeit und Wechselliebe, alle Talente auf ewig in ihren Keimen verborgen bleiben: Die Menschen, gutartig wie die Schafe, die sie weiden, würden ihrem Dasein kaum einen größeren Wert verschaffen, als dieses ihr Hausvieh hat …". Kant weiter: „Der Mensch will Eintracht; aber die Natur weiß besser, was für seine Gattung gut ist: Sie will Zwietracht. Er will gemächlich und vergnügt leben; die Natur will aber, er soll aus der Lässigkeit und untätigen Genügsamkeit hinaus, sich in Arbeit und Mühseligkeiten stürzen, um dagegen auch Mittel auszufinden, sich wiederum aus den letzteren herauszuziehen." Kant lässt keinen Zweifel: „Die Natur hat den Schmerz zum Stachel der Tätigkeit in ihn gelegt, dem man nicht entrinnen kann: um immer zum Besseren fortzutreiben."

Ich bin fasziniert, wenn Menschen mir erzählen, wie sie die erste Berufswahl oft spät korrigierten und sich, meist mit Hangen und Bangen, für ein neues Arbeitsfeld entschieden. In meiner psychotherapeutischen Ausbildung lernte ich in der Traumarbeit einen Lehranalytiker kennen, der uns Auszubildende mit seinen einundachtzig Jahren zu begeistern wusste. Er war ein studierter Chemiker und hatte diesen Beruf bis zum achtundfünfzigsten Lebensjahr ausgeübt. In den letzten Jahren seiner Tätigkeit absolvierte er berufsbegleitend eine fünfjährige Ausbildung zum Gestalttherapeuten. Jetzt übte der weise und witzige Mann seinen neuen Beruf bereits seit dreiundzwanzig Jahren aus!

Es ist tragisch, wenn ein Ich durch eine falsche, oft noch von den Eltern erzwungene Berufswahl an seiner Entfaltung gehindert wurde und deformierte Züge zeigt. Häufig tragen solche Menschen eine Melancholie oder auch Groll in sich, sie wirken permanent missmutig oder traurig. Kein Wunder, wenn das Leben von der Gewissheit bestimmt wird, jeden Tag von morgens bis abends etwas tun zu müssen, was keine Freude bereitet, geschweige denn Erfüllung bringt. Nietzsche hat diesen Zwiespalt zwischen Beruf und eigentlicher Berufung (in *Gedanken und Entwürfe zu der unzeitgemäßen Betrachtung*) auf die Unreife der jugendlichen Entscheidung zurückgeführt. Er schreibt: „Wie wenig Vernunft, wie sehr der Zufall unter den Menschen herrscht, zeigt das fast regelmäßige Missverhältnis zwischen dem so genannten Lebensberufe und dem ersichtlichen Nichtberufensein: Die glücklichen Fälle sind Ausnahmen, wie die glücklichen Ehen, und auch diese werden nicht durch Vernunft herbeigeführt. Der Mensch w ä h l t den Beruf, wo er noch nicht fähig zum Wählen ist; er kennt die verschiedenen Berufe nicht, er kennt sich selbst nicht; er verbringt seine Jahre dann in diesem Berufe, verwendet all sein Nachdenken darauf, wird erfahrener; erreicht er die Höhe seiner Einsicht, dann ist es gewöhnlich zu spät, um etwas Neues zu finden."

Ist es wirklich zu spät? Mir ist unvergesslich, wie eine Fleischfachverkäuferin, die sich bei uns zur Gesundheitsberaterin GGB ausbilden ließ, entschlossen ihre Arbeitsstelle kündigte und in einen Bioladen wechselte. Die zur Vegetarierin gewordene Frau lehnte aus ethischen Gründen das Töten von Tieren ab.

Manche schulmedizinisch Orientierten mögen die Nase rümpfen, wenn heute viele Frauen aus der Kinderpause aufbrechen, um sich als Heilpraktikerinnen ausbilden zu lassen. Aber kreieren sie damit nicht einen neuen Sinn in ihrem Leben? Das Ich ist gegenüber späten Korrekturen offen. Berühmte Beispiele dafür sind der promovierte Jurist und Versicherungsangestellte Franz Kafka: Er schrieb in seiner Freizeit Weltliteratur. Oder der Bankangestellte Paul Gauguin: Er verließ die Welt der Zahlen und ergriff in Tahiti den Malerpinsel. Über sein spätes Glück auf der polynesischen Insel sagte er: „Die nicht zivilisierte, unverdorbene Welt ist das beste Verjüngungsmittel." Es war das, was er an seinem Bankschalter nie gefunden hätte.

Sein Malerkollege Vincent van Gogh war ebenfalls für sein produktives Ich dankbar. In einem seiner Briefe notiert er: „Meiner Ansicht nach bin ich reich wie ein Krösus – nicht an Geld, aber reich, weil ich in meiner Arbeit etwas gefunden habe, dem ich mich mit Herz und Seele widmen kann und das mich inspiriert und meinem Leben einen Sinn gibt."

Heimisch in der Welt wird man durch Arbeit. Wenn sie einem auf Grund der sozialen Lage oder der individuellen Behinderung und Krankheit versagt ist, muss man Ersatz suchen. Als meine Tante Hella, die uns Kinder während des Zweiten Weltkriegs aufzog, schließlich mit über neunzig Jahren mehr oder weniger zur Untätigkeit verdammt war, fragte ich sie „Was tust du den ganzen Tag?" Sie antwortete: „Ich habe eine Gebetsliste mit dreißig Namen. Da steht Ihr Kinder alle darauf und auch der Papst. Für Euch alle bete ich jeden Tag mehrere Stunden." Obwohl ich ein alter Freigeist bin, hat mich diese „Arbeit" und das verschwenderisch liebesfähige Ich der bescheidenen alten Lieblingstante angerührt.

Wie großartig Beruf und Berufung deckungsgleich sein können, habe ich bei den Musikern Susan und Martin Weinert (Namen authentisch) erlebt. Die beiden ausgebildeten Gesundheitsberater GGB gehören zur Weltklasse der modernen Jazzmusik. In mehr als 2500 Konzerten mit der *Susan Weinert Band* und als Akustikgitarren-Kontrabass-Duo haben sie rund um den Globus ihr Publikum zum Staunen gebracht und neun CDs veröffentlicht. Von mir befragt, antwortete der passionierte Bassist Martin: „Den Beruf des selbstständigen Musikers ausüben zu können, ist für mich die Verwirklichung eines Traumes. Dazu kommt, dass ich in der glücklichen Lage bin, dieses Glücksgefühl mit meiner Ehefrau zu teilen. Denn schon als ganz junger Mann träumte ich davon, gemeinsam mit meiner Lebenspartnerin auf der Bühne zu stehen und zu musizieren. Der Traum wurde Wirklichkeit. Susan ist die Komponistin, gemeinsam sind wir Interpreten ihrer Werke." Martin betont aber auch die Schwere der Berufung: „Die handwerklichen Fähigkeiten am Instrument müssen ständig verbessert werden, um so eine künstlerische Weiterentwicklung und die Umsetzung neuer Ideen zu ermöglichen. In diesem Punkt spüre ich sehr deutlich die Verpflichtung, die ich gegenüber dem Beruf eingegangen bin und die Disziplin erfordert."

Auch Susan räumt die „Bürde" ihrer künstlerischen Arbeit ein. Sie formuliert aber ihre Dankbarkeit bewegt: „Für mich bedeutet der Beruf als Berufung, dass ich mich selbst verwirklichen kann. Ich kann ganz Ich sein, ohne von jemandem in die Schranken gewiesen zu werden. Die Musik ist für mich ein Geschenk, Lebenselixier und Inbegriff des Seins. Ich bekomme von der Musik so viel Kraft und Energie zurück. Was ich auch gelernt habe ist, dass ich mein ganzes Leben einen Weg beschreite. Ich werde nie perfekt sein, da die Vielfalt der Dinge, die ich immer neu entdecken und lernen kann, so groß und vielfältig ist wie die Sterne im Universum. Unendlich: Deshalb ist die Musik für mich immer frisch und neu."

Wenn Arbeit kein armseliger „Brotberuf" (Schiller), sondern Bestimmung ist, dann vermag er meine Seele zu küssen. Susan Weinert sagt es so: „Wenn ich traurig bin, kann ich mit meiner Gitarre ‚Klärchen' spielen und weinen, in aller Stille zu mir selbst kommen. Oder wenn ich mit (internationalen) Musikern spiele, kann ich mit ihnen musizieren und lachen, auch wenn ich ihre Sprache nicht verstehe. Die Musik ist eine globale Sprache. Ich habe einen guten Freund in ihr gefunden, der mich auch als Mensch immer wieder reifen lässt. Dafür bin ich sehr dankbar." Tatsächlich machen die beiden Künstler auch ihre vergnügten Zuhörer dankbar, frei nach Schillers Wort (in *Über den Gebrauch des Chors in der Tragödie*): „Alle Kunst ist der Freude gewidmet, und es gibt keine höhere und keine ernsthaftere Aufgabe, als die Menschen zu beglücken."

Unser Ich ist plastizierbar. Je mehr unsere Nervenzellen unter den Reizen der Außenwelt und der geistigen Anstrengung gemeinsam feuern, bekommen sie einen Draht zueinander. Am Ende steht über das millionenfache Spiel der Synapsen die Standleitung der neuen Bewusstseinsfähigkeit und Persönlichkeit. Die Gehirnforscher nennen dieses Phänomen *Neuroplastizität*. Die Denk- und Sprechweise des Ichs ist tatsächlich stark beruflich bedingt. Eine Mathematikerin formuliert und argumentiert anders als eine Säuglingsschwester, ein Jurist anders als ein Sozialarbeiter.

Meist haben wir einen blinden Fleck gegenüber den neurotischen Macken unseres professionell geprägten Ichs. Der promovierte Mediziner und Kabarettist Eckard von Hirschhausen nennt drei Beispiele für diese *deformation professionelle*: „Ein Jurist trainiert Pessimismus und Katastrophendenken. Vereinfacht gesagt, scannt er jeden harmlosen Satz mit einer Frage im Hinterkopf: ‚Wo ist der Haken?‘ Wer so zwölf bis vierzehn Stunden am Tag denkt, verändert sich. Dummerweise geht er mit diesem Hirn auch nach Hause. Und mit sehr viel Glück wartet dann auch jemand und sagt etwas Harmloses wie: ‚Schön, dass du da bist …‘ Und der Jurist liegt noch nachts wach und kann nur an eines denken: ‚Wo ist der Haken?‘"

138

Von Hirschhausen blickt auch kritisch-kabarettistisch auf die berufliche Sichtweise seiner Schwester: „Meine Schwester ist Mathematiklehrerin. Sie hat ihr Hirn anders trainiert. Ich war mit ihr einkaufen, da hörte ich, wie sie zur Kassiererin im Supermarkt sagte: ‚Das haben Sie sehr schön zusammengerechnet. Aber jetzt die Addition noch mal ohne den Hilfsapparat!'"

Der Mediziner von Hirschhausen lässt auch sich selbst nicht aus: „Die Zeit als Arzt hat mich natürlich verändert. Ich schaue anders auf die Welt, anders auf den menschlichen Körper. Wenn ich eine schöne Frau sehe mit einem tiefen Dekolletee, wo schaue ich hin? Auf die Schilddrüse! Ich kann gar nicht anders. Und dann schaue ich so lange, bis sie schluckt – wegen der Größe. Das wird leider oft falsch verstanden. Aber gelernt ist gelernt."

Die Krisen

K r i s i s: Schneller Fieberabfall, der binnen vierund-
zwanzig Stunden zu normaler oder subnormaler
Temperatur führt und die Genesung einleitet.

Pschyrembel
Klinisches Wörterbuch

*

Krise ist ein produktiver Zustand ... Man muss ihr
nur den Beigeschmack der Katastrophe nehmen.

Max Frisch

Carlos G. Valles berichtet in seinem Werk *Und der*
Schmetterling sagte über ein eingesperrtes Kaninchen: „Eines Morgens bekamen wir ein Geschenk:
Ein kleines, weißes Kaninchen. Es kam in einen Käfig. Schon am Mittag öffnete ich die Tür des Käfigs.
Als ich jedoch am Abend zurückkam, fand ich das
Kaninchen genauso vor, wie ich es verlassen hatte: in
der entferntesten Ecke, gegen die Stäbe des Käfigs
gedrängt, zitternd vor Angst, die die Freiheit in ihm
auslöste." Das Kaninchen steckte in der Krise. Noch
kam es nicht aus dem Käfig heraus. Vielleicht wagte
es das ja beim nächsten Mal.

Krisen sind, rückwirkend gesehen, in den meisten
Fällen notwendig. Sie lösen uns aus einem Zustand
der Duldungsstarre. Das Alte geht nicht mehr, das

JEDER SCHADEN MACHT
DICH ETWAS KLÜGER.
(Chinesisches Sprichwort)

Neue muss in unser Leben. Aber wir zittern vor Angst. Trennungen entstehen vor dem Hintergrund lang anhaltender Krisen. Die Scheidung beispielsweise bedeutet nicht nur Scheitern. Sie ist fast immer der Abschied vom Quälenden, nicht länger mehr Lebbaren: Aufbruch ins neue, bislang Ungelebte. Trennung ist eine der tapfersten seelischen Leistungen unseres Lebens. Denn sie ist schmerzhaft: Sie ist eine Amputation bei lebendigem Leibe – und ohne Narkose.

Im „Fieberanfall" der Krise organisiert sich das Ich neu und gerät wieder in Bewegung. C. G. Jung sagt (in *Gesammelte Werke* 17): „So wie die große Persönlichkeit sozial lösend, erlösend, umgestaltend und heilend wirkt, so hat auch die Geburt der eigenen Persönlichkeit heilende Wirkung auf das Individuum. Es ist, wie wenn ein in versumpfte Nebenarme sich verlierender Strom plötzlich wieder sein Strömungsbett entdeckte oder wie wenn ein Stein, der auf einem keimenden Samen lag, weggehoben würde, so dass der Schoss (der Sprössling – M.J.) sein natürliches Wachstum beginnen kann."

Unser Krisen-Ich ist nicht nur eine Katastrophe, ein zitterndes Kaninchen. Es ist auch das künftige Ich. Es arbeitet sich unter Geburtsqualen an das Licht der Welt. Das angeknackste Selbstbewusstsein zwingt uns zu handeln. Jetzt steht, mit Freud zu sprechen, unser „Ich-Ideal" in Frage, „an dem das Ich sich misst, dem es nachstrebt, dessen Ansprüche auf immer weitergehende Vervollkommnung es zu erfüllen bemüht ist". In der Zeitschrift STERN (22/2009) fand ich zwei prominente Beispiele für die schmerzhafte Krisengeburt eines neuen Ichs: Hannah Schygulla (65) und Konstantin Wecker (61). In beiden Fällen musste ich an das berühmte Diktum von Sigmund Freud denken: „Die Absicht, dass der Mensch glücklich sei, ist im Plan der Schöpfung nicht enthalten."

Der Mensch muss um sein Glück ackern. „Wenn man immer die eigene Verletzlichkeit schätzen will, lebt man nur auf Rückzug", warnt Hannah Schygulla aus eigenem Erleben. „Es ist lebensnotwendig, dass man tut, wovor man sich fürchtet." Die berühmte Schauspielerin und Sängerin charakterisiert sich selbst als ein „von Angst bedrohtes Naturell". Als Kind habe sie sich zwischen „innerer Fragilität" und „Tatendrang" zerrissen gefühlt: „Aber wenn man alles meidet, was man fürchtet, findet das Abenteuer Leben nur im Kopf statt." Auf dem Höhepunkt ihrer Karriere als Spitzendarstellerin des Kultregisseurs Rainer Werner Fassbinder löste sie sich von ihm. Soeben hatte sie unter seiner Regie die „Effi Briest" gespielt: „Als ich mich auf der Leinwand sah, dachte ich: Womöglich bin ich kurz davor, wie diese Frau zu werden. Nach außen strahlt alles, aber innen erstarrt der Mensch zur Puppe." Die Schygulla arbeitete von nun an mit anderen Regisseuren. Sie fand auch den Mut, Hollywood-Angebote abzulehnen.

Dann drohte eine neue, schwere Krise: Ihre Eltern erkrankten. Hannah Schygulla brach die Schauspielerei ab und pflegte sie. Sie entwickelte ihr privates, helfendes Ich. Sie stellte neue Werte für sich auf. Sie wusste um die Gefahr des Starkults: „Star zu sein, ist verlockend. Aber ein Star muss leuchten. Und die Kraft, die er dafür braucht, fehlt dann, um zum Eigentlichen zu kommen." Ob es wohl die letzte Krise in ihrem Leben war? Hannah Schygulla mag sich nicht auf ihr gegenwärtiges Ich festlegen: „Ich erwarte einfach, dass noch mal etwas Neues anfängt, etwas Unbekanntes. Sich an einem früheren Selbstbild festzuklammern macht das Leben zum Gefängnis."

Konstantin Wecker wurde wegen Drogenbesitzes in Untersuchungshaft genommen, zu einer Bewährungsstrafe verurteilt und machte eine Entziehungskur. Er war pleite. Der Gerichtsvollzieher stand vor seiner Tür. Die Festnahme und die Gerichtsverhandlung gegen ihn wurden von den Boulevardmedien genüsslich ausgeschlachtet. Wecker fühlte sich vor der Öffentlichkeit blamiert und gedemütigt. Sein Selbstbild zerbröckelte. In der Untersuchungshaft setzte er sich mit seinen Aggressionen und drogenberauschten Allmachtsgefühlen auseinander: „Ich bekam Angst vor mir selbst." Sein altes Ich ging barfuß durch das Fegefeuer der Wahrheit. Dieser schmerzhafte Prozess der Selbsterkenntnis wurde dem Liedermacher zur tiefen Erfahrung: „Man muss die eigenen Schattenseiten erkennen und akzeptieren, weil die nun mal da sind, nur dann kann man mit ihnen umgehen, ohne von ihnen unbewusst gelenkt zu werden."

Heute ist Wecker wieder künstlerisch produktiv. Er genießt seine Ehe mit einer jungen Frau und zwei gemeinsamen kleinen Kindern. Wecker hat überlebt. Er spricht von einem Kern-Ich: „Man glaubt, man sei vernichtet, und dann fühlt man: Ich bin immer noch da. Es gibt mich trotzdem. Noch immer ist da etwas in mir, das unabhängig ist von dem, was mir gerade widerfährt, ein Kern."

Die Krise gibt dem Ich die Chance, Schuld- und Schamgefühle zu spüren, aber auch persönliche Stärken zu entdecken und wieder Verantwortung für sich zu übernehmen. Vielleicht entdeckt man, wie Konstantin Wecker, in der Krise auch, dass einen die anderen Menschen unter anderem gerade w e g e n der eigenen Schwächen lieben.

Konstantin Wecker bringt die Dialektik von Krise und Neubeginn prägnant auf einen Nenner: „Ich habe mich schon früh im Scheitern geübt. Als ich als Kind ausriss, als ich mich mit Achtzehn in Versicherungsgeschäften versuchte, später als Wirt. Dann die Drogen. Vieles sind Sachen, auf die ich nicht stolz bin. Aber die Niederlagen waren lehrreicher als die Erfolge. Durch sie erfahren wir, dass alles scheinbar Wichtige, dem wir hinterhergejagt sind, uns von uns selbst entfernt hat. Dass all die Fassaden, die wir mühsam errichtet haben, auf einmal zusammenbrechen können und nur das Wesentliche in uns stehen bleibt. Darum geht es doch: immer mehr Selbstlügen aufzudecken. Immer mehr verriegelte Tresore zu öffnen und etwas Neues herauszuholen."

Verriegelte Tresore zu öffnen und etwas Neues herauszuholen, das lernen auch Paare in ihren Krisen. Da müssen sich sozusagen drei Ichs neu entwickeln: Das Frauen-Ich, das Männer-Ich und das Paar-Ich. Es ist der Tanz des Paares, der das Wesen der Liebe ausmacht. Paare, die in die Krise geraten, haben diesen Schwung eingebüßt. Sie sind stehen geblieben. Sie stagnieren. Das Erstarren in festen Strukturen ist das Koma der Beziehung.

Diese Wahrheit erfuhren Maritta und Klaus, als ihre Ehe in eine Krise geriet und sie meine Praxis aufsuchten. Der eheliche Supergau der beiden Fünfundvierzigjährigen ereignete sich, als Maritta durch Zufall entdecken musste, dass ihr ach so braver Klaus eine Außenbeziehung mit einer Kollegin unterhielt. Maritta schmiss ihren Ehemann aus dem Haus. Sie war verzweifelt und dachte an Trennung. Klaus, der an Maritta und den Kindern, beide unter zehn Jahre, hing, weinte am laufenden Band. Er beteuerte Reue und schwor Besserung ...

Was war der Hintergrund dieser Außenbeziehung, die immerhin ein halbes Jahrzehnt währte? Die Sexualität war dem Paar schon vor zehn Jahren abhanden gekommen. Maritta litt unter einer schweren Polyarthritis. Diese führte zur Berufsunfähigkeit. Sie hatte auch Schmerzen beim Koitus. Auch der Gynäkologe vermochte ihr nicht zu helfen. Letztendlich war dies wohl ein psychologisches Problem – Maritta lebte nicht ihre Weiblichkeit. Klaus war über Jahre hinweg zum sexuellen Hungerkünstlerdasein verdammt. Er holte sich schließlich die Lust außerhalb der ehelichen Mauern.

Immerhin bewirkte die Entdeckung seines sexuellen Outsourcing den besagten Supergau, die Infragestellung der Ehe, Gespräche über Gespräche und den Gang zum Therapeuten. Es war, das muss zur Ehre von Klaus gesagt werden, seine Initiative, die bitter enttäuschte Maritta in die Paartherapie zu bringen.

Jetzt war von Schweigen keine Rede mehr. Zwar wirkte Klaus, ein stämmiger und potenter Mann, geknickt und zerknirscht wie ein erwischter Ladendieb, doch er äußerte erstmals seine Wut. Er erklärte sich gegenüber Maritta mit den Worten: „Von dir bekam ich ja sexuell nichts mehr. Es war nicht auszuhalten. Da habe ich draußen Sex gesucht." Er bagatellisierte seine sexuelle Dauereskapade allerdings mit der Mogelpackung, ‚diese Frau hat mich richtig verführt'. Dass er ein erotischer Hungerleider in der Beziehung mit Maritta gewesen war, stimmte. Das mit der Verführung war ein lausiges Entlastungsargument. Mit so einer Lüge kann man keine Verzeihung vom Partner erreichen. Sie verlangt zunächst ein Schuldbekenntnis ohne Wenn und Aber.

Maritta gab Klaus ebenso entschieden zurück: „Warum hast du mir nichts über deine Enttäuschung und Wut über meine sexuelle Abwehr gesagt? Es stimmt, ich habe dich oft abgewehrt. Aber warum hast du deine Aggressionen für dich behalten? Ich bin sicher, ich wäre aus meinem sexuellen Dauerschlaf aufgewacht. Ich will mich nicht mehr hinter meiner Krankheit verstecken." Maritta war entrüstet: „Ich will einen starken Kerl. Ich will, dass du mir Kontra gibst und nicht deine Bedürfnisse nach außen trägst!"

Beide, Maritta und Klaus hatten das getan, was viele Paare machen – sie einigten sich unbewusst, wie Ulrich Clement (in *Systemische Sexualtherapie*) festhält, auf eine „Sexualität des kleinsten gemeinsamen Nenners". Sie muteten einander in ihren erotischen und emotionalen Bedürfnissen nichts zu. Sie sprachen nicht über ihren Frust. Sie schonten damit ihre Beziehung an den Rand des Todes. Ihre Sexualität verdorrte wie eine Steppe ohne Regen. Doch auch hier gilt: „Serengeti darf nicht sterben".

In der Therapie mussten Klaus und Maritta die Giftmülldeponie unter ihrer brachliegenden Sexualität entsorgen. Der aggressionsgehemmte Klaus durfte endlich lernen, zu seinen erotischen Bedürfnissen i n der Beziehung zu stehen. Er wagte es endlich, seiner Frau die Stirn zu bieten und ein Ritter mit dem Schwert zu werden, anstatt sich wie ein kleiner Junge hinter Mamis Rücken zu einer anderen Frau zu schleichen. Maritta wiederum hatte als Tochter eines Alkoholikers ein verheerend negatives Männerbild. Durch eine rigide mütterliche Sexualerziehung („Die Männer wollen nur Sex, die Frauen müssen's dann ausbaden") hatte sie überdies Angst vor der Geschlechtlichkeit. „Ich habe", so bekannte sie in der Paarberatung freimütig, „oft meine Polyarthritis benutzt, um mich der Sexualität mit dir zu entziehen."

Die Krise und ihre Wahrheit, so unbequem und hart sie sein mögen, machen frei. Maritta und Klaus erkannten, dass beide in das Drama der Außenbeziehung verwickelt waren. Sie entdeckten ihre Defizite und Entwicklungsaufgaben als Frau und als Mann. Sie weinten und wüteten. Sie begannen aus der Tiefe miteinander zu reden. Die beste Krisenintervention ist und bleibt das Miteinandersprechen.

Wenn mein Ich am Ende einer Krise wieder gestärkt ist, habe ich auch wieder die Voraussetzung für eine neue, stabile Selbstakzeptanz. Will mich jemand dennoch partout auf mein altes Ich festlegen und begrenzen, dann kann ich wie einst Konrad Adenauer sagen: „Ich bin, wie ich bin. Die einen kennen mich, die anderen können mich."

Die Verwandlung

Sieben Leben möchte ich haben:
Eins dem Geiste ganz ergeben,
So dem Zeichen, so der Schrift.
Eins den Wäldern, den Gestirnen
Angelobt, dem großen Schweigen.
Nackt am Meer zu liegen eines,
Jetzt im weißen Schaum der Wellen,
Jetzt im Sand, im Dünengrase.
Eins für Mozart. Für die milden,
Für die wilden Spiele eines.
Und für alles Erdenherzleid
Eines ganz, und ich , ich habe –
Hab ein einzig Leben nur.

Albrecht Goes

In seinen *Ideen zur Philosophie der Geschichte der Menschheit* schreibt der Dichter, Philosoph und Theologe Johann Gottfried Herder (1744–1803): „Der ganze Lebenslauf ist Verwandlung." Sein Freund Goethe lässt den Helden Clavigo sagen: „Man lebt nur einmal in der Welt, hat nur einmal diese Kräfte, diese Aussichten, und wer sie nicht zum Besten braucht, wer sie nicht so weit treibt als möglich, ist ein Tor."

Das ist, wie wir aus den vielen Brüchen und Entwicklungsgeschichten der Mädchen, Jungen, Frauen und Männer dieses Buches erfuhren, das Gesetz der

WIR SIND EXPERIMENTE;
WIR WOLLEN ES AUCH SEIN.
(Friedrich Nietzsche)

Verwandlung. Antoine de Saint-Exupéry schreibt (in: *Flug nach Arras*): „Leben heißt, langsam geboren zu werden. Es wäre allzu bequem, wenn man sich fix und fertige Seelen besorgen könnte."

In Märchen wird diese Verwandlungsfähigkeit und Verwandlungsnotwendigkeit des Menschen in symbolischen Bildern eindringlich beschworen. Besonders liebe ich als Mann die Geschichten von *Hans im Glück* und *Hans mein Igel*. Beide Figuren entpuppen sich als wahre Wundermänner der Verwandlungsfähigkeit.

Man könnte den Hans im Glück leicht als einen Versager, modern gesprochen, als notorischen Loser missverstehen. Das ist er aber nicht. Natürlich erlebt er, rein äußerlich gesehen, nur Verluste. Nach sieben Jahren treuem Dienst belohnt ihn sein Herr: „Du hast mir treu und ehrlich gedient; wie der Dienst war, so soll der Lohn sein." Er gibt ihm ein Stück Gold, das „so groß als Hansens Kopf" war. Unser Hans wandert fröhlich nach Hause zur Mutter. Aber das Laufen mit dem schweren Goldklumpen wird ihm sauer. Er möchte wieder „leicht und frohgemut" sein – so wie der Reiter, der an ihm vorbeitrabt. So tauscht er kurz entschlossen sein Gold für dessen Pferd ein. Doch das Pferd geht beinahe mit ihm durch. Aber ein Bauer hält es auf. Er treibt eine Kuh vor sich her. Hans im Glück gewinnt eine neue Erkenntnis: „Es ist ein schlechter Spaß, das Reiten, zumal wenn man auf so eine Mähre gerät wie diese, die stößt und einen herabwirft, dass man den Hals brechen kann; ich setze mich nun und nimmermehr wieder auf. Da lobe ich mir Eure Kuh, da kann einer mit Gemächlichkeit hinterhergehen und hat obendrein seine Milch, Butter und Käse jeden Tag gewiss. Was gäb' ich darum, wenn ich so eine Kuh hätte!"

Nun hat er die Kuh. Die Sonne brennt drückend herunter. Dem Hans wird es so heiß, „dass ihm vor Durst die Zunge am Gaumen klebte". Hans denkt frohgemut, „jetzt will ich meine Kuh melken und mich an der Milch laben". Kurz entschlossen bindet er die Kuh an einen dürren Baum, und da er keinen Eimer hat, stellt er seine Ledermütze unter. Aber es kommt kein einziger Tropfen Milch zum Vorschein: „Und weil er sich ungeschickt dabei anstellte, so gab ihm das ungeduldige Tier endlich mit einem der Hinterfüße einen solchen Schlag vor den Kopf, dass er zu Boden taumelte und eine Zeitlang sich gar nicht besinnen konnte, wo er war." Aber das Glück, wie Hans es versteht, kommt ihm entgegen. Es ist ein Metzger, der auf einem Pflugkarren ein junges Schwein liegen hat. Hans bedenkt: „Ich mache mir aus dem Kuhfleisch nicht viel, es ist mir nicht saftig genug. Ja, wer so ein junges Schwein hätte! Das schmeckt anders, dabei noch die Würste."

Glücklich zieht Hans mit dem eingetauschten Schwein weiter. Nun begegnet ihm ein Bursche, der eine schöne weiße Gans unter dem Arm trägt. Der listige Kerl erkennt schnell die Naivität seines Ge-

genübers und macht dem Hans Angst: „Hört, mit eurem Schweine mag's nicht ganz richtig sein. In dem Dorfe, durch das ich gekommen bin, ist eben dem Schulzen eins aus dem Stall gestohlen worden. Ich fürchte, ich fürchte, Ihr habt's in der Hand. Sie haben Leute ausgeschickt, und es wäre ein schlimmer Handel, wenn sie euch mit dem Schwein erwischten: Das Geringste ist, dass Ihr ins finstere Loch gesteckt werdet."

Der gute Hans geht mit der Gans der Heimat zu. Er freut sich auf einen köstlichen Braten, das Gänsefettbrot „auf ein Vierteljahr" und die schönen weißen Federn, mit denen er sich sein Kopfkissen stopfen lassen will. Da begegnet er dem Scherenschleifer. Der macht ihm ein Angebot: „Ihr habt Euch jederzeit zu helfen gewusst", spricht er, „könntet Ihr es nun dahinbringen, dass Ihr das Geld in der Tasche springen hört, wenn Ihr aufsteht, so habt Ihr Euer Glück gemacht. Ihr müsst ein Schleifer werden wie ich; dazu gehört eigentlich nichts als ein Wetzstein, das andere findet sich schon von selbst."

Hans tauscht die Gans ein, lädt sich den Stein auf und geht mit vergnügtem Herzen weiter. Seine Augen leuchten vor Freude: „Ich muss in einer Glückshaut geboren sein", ruft er aus, „alles, was ich wünsche, trifft mir ein wie einem Sonntagskind". Er ist den ganzen Tag gelaufen und wird müde. Er setzt sich auf den Rand eines Brunnens. Er will sich zum Trinken bücken und stößt den Wetzstein in die Tiefe: „Hans, als er ihn mit seinen Augen in die Tiefe hat versinken sehen, sprang vor Freuden auf, kniete darnieder und dankte Gott mit Tränen in den Augen, dass er ihm auch diese Gnade noch erwiesen und ihn auf eine so gute Art und ohne dass er sich einen Vorwurf zu machen brauchte, von dem schweren Stein befreit hätte, der ihm allein noch hinderlich gewesen wäre. ‚So glücklich wie ich‘, rief er aus, ‚gibt es keinen Menschen unter der Sonne.‘ Mit leichtem Herzen und frei von aller Last sprang er nun fort, bis er daheim bei seiner Mutter war."

Natürlich überzeichnet das Märchen, wenn es diese groteske Verlustgeschichte vom Goldklumpen bis zum blanken Nichts so humoristisch erzählt. Aber steckt in diesem paradoxen Appell der Volksdichtung, sein Glück nicht auf das materielle Haben zu setzen, nicht das berühmte Körnchen Wahrheit? Der verwandelte Hans hat nämlich eine Grundregel begriffen: Das Glück liegt in der Seele – und nicht in einem Klumpen Gold und all den Besitztümern vom Pferd bis zum Wetzstein. Hans ist ein verschwenderischer Geber und sieht die Welt mit den Augen eines Kindes. Er beschwert sich nicht mit den Mühseligkeiten des Wohlstandes. Nietzsche sagt (in *Menschliches, Allzumenschliches*): „Wer wenig besitzt, wird umso weniger besessen." Hans könnte sein Glück auch mit dem Erzähler Theodor Fontane (1819–1898) formulieren: „Das Glück ist Grießsuppe, eine Schlafstelle und keine körperlichen Schmerzen."

Ein großer Verwandler ist auch *Hans mein Igel*, aus dem wenig bekannten gleichnamigen Grimmschen Märchen. Wir erfahren, dass wir, durch Leidensdruck aufgewacht, unser Ich grundsätzlich wandeln können. *Hans mein Igel* wird als das ungeliebte Kind reicher Bauern geboren. Den Grund für seine Existenz bildete ausschließlich der Umstand, dass sein Vater, des Spottes der Nachbarn überdrüssig, seine Zeugungskraft unter Beweis stellen will. Er wütet: „Ich will ein Kind, und sollt's ein Igel sein." Hans wird denn auch gleichsam verpanzert geboren, „oben ein Igel und unten ein Junge". Er hat nichts zu lachen und muss sich mit seinen (symbolischen) Stacheln gegen die stacheligen, lieblosen Eltern wehren. Er darf nicht an der Brust seiner Mutter trinken und muss hinter dem Ofen auf einer Schütte Stroh schlafen. Acht Jahre liegt er da, wie uns das Märchen berichtet, in einem offensichtlich subdepressiven Zustand.

Dann tut Hans mein Igel das, was das Geheimnis jeder Verwandlung ist: Er bricht aus dem schlimmen Milieu aus. Er zieht mit der ihm vom Vater überlassenen Herde von Schweinen und Eseln in den Märchenwald, also in den Dschungel des Lebens. Dort hütet und vermehrt er sie. Er sitzt auf der höchsten Tanne des Waldes – er gewinnt Orientierung. Seinen Dudelsack bläst er, dass es eine Freude ist. Es bedeutet, er erwirbt innere Musikalität und ein modulationsfähiges Ich. Dann kommen zwei Könige in den Wald. Sie haben sich verirrt. Eigentlich ist ein König im Märchen das Symbol für die Fähigkeit eines reif gewordenen Menschen, souverän über sich selbst und die Welt zu herrschen. Aber der Königsstatus will immer wieder neu erworben werden, sonst droht die Verirrung. Hans mein Igel kann den beiden angeschlagenen Königen den Weg aus dem Wald weisen, ihnen zur Orientierung verhelfen. Zur Belohnung wünscht er sich ein seltsames Geschenk: das erste lebendige Wesen, was ihnen bei ihrer Heimkehr begegnen würde. Der einsame, in sich verschlossene und gefühlskarge Hans – wo hätte er denn auch einen angemessenen Umgang mit Emotionen lernen können? – spürt instinktiv, dass er die Seelenverbundenheit mit Menschen braucht: die Liebe. Er wünscht sich eine Beziehung.

Doch zuerst kehrt Hans mein Igel noch einmal zu seinem Vater heim, um ihm die groß gewordene Herde von Schweinen und Eseln als Geschenk darzubringen. Er will mit dieser Gabe das verhärtete väterliche Herz gewinnen. Doch der Vater wünscht ihm weiterhin den Tod an den Hals. Mit Leistungen, so wird Hans mein Igel erkennen müssen, kann er bestenfalls Respekt, aber keine Liebe erzwingen.

Darauf wandert Hans mit seinem Dudelsack und dem prächtigen Gockelhahn, der sein treuer Begleiter ist, zum ersten König. Der ist ein Lump und will ihn um seine Tochter betrügen, die ihm doch bei seiner Heimkehr als Erste in die Arme lief. Hans mein Igel, das Opfer eines bösen Elternhauses, wird nun selbst zum Täter. Er verschmäht nicht nur die Tochter, sondern er zieht ihr „die schönen Kleider aus und stach sie mit seiner Igelhaut, bis sie ganz blutig war". Eine metaphorisch verschlüsselte Vergewaltigung.

Hans mein Igel will Rache nehmen an den Frauen. Er sieht in ihnen die ersehnte und gleichzeitig gehasste Mutter, die ihn verraten hat. Diese Wunde brennt in ihm. Sein Ich ist eine tickende Zeitbombe. Wir dürfen davon ausgehen, dass er noch mit vielen Frauen schlafen und sie anschließend wie eine heiße Kartoffel wieder fallen lassen wird. Wie süchtig hängt er an der Droge Frau. Er braucht sozusagen den „Stoff" weiblicher Liebe und hasst ihn zugleich.

Erst bei der zweiten Königstochter erfährt er Erlösung. Sie ist eine kluge Frau. Sie verstellt sich nicht, sondern zeigt sich erschrocken über das absonderliche Aussehen des stacheligen Hans. Das steht im Märchen für seelische Ruppigkeit, Aggression und Zynismus. Vielleicht ist er auch ein rauer Suchtcharakter, ein unkontrollierter wüster Trinker oder er hat cholerische Züge. Aber da geschieht das Wunder der Verwandlung.

Hans mein Igel spricht den entscheidenden Satz des ganzen Märchens, der für jeden von uns die Lebensmaxime darstellen sollte. Er meint, „wann er in die Kammer einginge und sich ins Bett legen wollte, würde er *aus seiner Igelhaut herauskriechen* (von

159

mir hervorgehoben – M. J.) und sie vor dem Bett liegen lassen: Dann sollten ... Männer hurtig herbeispringen und sie ins Feuer werfen, auch dabeibleiben, bis sie vom Feuer verzehrt wäre".

So geschieht es denn auch; Hans ist am nächsten Lebensmorgen, nach der dunklen Nacht seiner Wandlung, „erlöst und lag da im Bett ganz als ein Mensch gestaltet". Aus der alten Igelhaut der Abwehr, des Misstrauens und der Selbstabwertung herauskriechen, das, so sagt uns das Märchen, vermag jeder von uns. Sonst blieben wir Gefangene der Determination, der vermeintlich unwiderruflichen Bestimmung durch familiäre und soziale Umstände. Ein Ich, das in eine Igelhaut eingeschlossen ist, erstickt auf Dauer. Es darf ohne Furcht neugierig, offen, sanft und vertrauensvoll werden. Nietzsche macht uns Ängstlichen Mut (in *Morgenröte*): „Wir sind Experimente; wir wollen es auch sein."

Die Suche nach dem Selbst hört nie auf, solange wir leben. Gerade junge Menschen erleben den Schmerz und den Zauber dieser Verwandlung oft wie einen Schock. Maria (23), Krankenschwester in Ausbildung, kam als „ein Wrack", wie sie sagte, zu mir in die Praxis. Sie war eine mädchenhafte, schüchterne Erscheinung, physisch, wie mir schien, noch keine reife Frau. Maria war eingemummt in eine dick wattierte Winterjacke aus Polyester. Sie zog sie während der ganzen Sitzung nicht aus. Maria zeigte sich doppelt unglücklich: „Ich kann mich an meiner Arbeitsstelle nicht wehren", sagte sie, „und ich habe Angst, meinen Freund Michael zu verlieren." Etwas rätselhaft fügte sie hinzu: „Ich weiß eigentlich nicht richtig, ob er mein Freund ist."

Was war los mit Maria? Ich bat sie, als „Skulptur" selbst darzustellen, wie sie sich fühle. Maria setzte sich auf den Boden, starrte unter sich und verschränkte die Arme vor der Brust. Das heißt, in ihrem augenblicklichen Leben bewegte sie sich nicht. Sie schaute nicht nach vorn, sondern grübelte in sich hinein. Sie nützte ihre – in der Krankenpflege so hilfsbereiten und geschickten – Hände nicht dazu, die Welt zu ergreifen, sondern schützte sich und wehrte Kontakt ab. „Was fühlst du bei deiner Lebensskulptur im Herzen?", fragte ich Maria. Sie antwortete leise: „Trauer".

Tatsächlich verhielt sich Maria in ihrer Arbeit, vor allem aber in ihrer Beziehung, wie bei der körperlichen Darstellung in meiner Praxis: Sie bewegte sich nicht. Sie sprach nicht aus der Tiefe. Sie wehrte Bindung ab. Ein einziges Mal in den zwei Jahren ihrer „Beziehung" hatte sie sich von ihrem Freund Michael küssen lassen. Sexualität wehrte sie ab. Sie hatte Angst vor Nähe. Dennoch gingen die beiden zweimal in der Woche mit ihrer Clique aus. Maria und Michael schwiegen sich häufig an.

Maria war, so ergab die Anamnese, ein geschädigtes Kind: Der Vater war gewalttätig und jähzornig. Vor ihm hatte die kleine Maria Angst. Da sie die Älteste war, versuchte sie, die jüngeren Geschwister vor ihm zu schützen. „Und die Mutter?", wollte ich wissen: „Sie war eine fleißige, aber nüchterne Frau. Sie war immer sachlich zu mir. Sie hat mich selten gestreichelt."

Was war Marias Reaktion auf dieses familiäre Eiszeitklima? Sie verpanzerte sich hinter der seelischen Winterjacke wie Hans mein Igel unter seinen Stacheln. Sie hatte Minderwertigkeitskomplexe. Sie fühlte sich unattraktiv, obwohl sie eine kluge und auf eine gewinnende altmodische Weise schöne Frau war. Ihre Selbstabwertung war ihr zugefügt worden. Wo es zu Beginn ihres Erwachsenenalters um Bindungsfähigkeit und „Mannbarkeit" ging, geriet sie prompt in die Lebenskrise und den Zwang zur Verwandlung. Diese war nun überfällig.

Es kam hinzu, dass Michael, wie sich bei den darauf folgenden Paarsitzungen herausstellte, ein lieber, aber gehemmter großer Junge von zweiundzwanzig Jahren war. Seine Mutter hatte ihn nicht gewollt. Er wurde deshalb zu seinen Großeltern gesteckt. „Mein Vater", gab Michael drastisch Auskunft, „hat sich früh verpisst."

Auch Michael ging, wie Maria, in den seelischen Rückzug. Er hatte, wie sie, nie konstruktive Aggression und Selbstbehauptung gelernt. Exakt das erwies sich denn auch als das neurotische Geheimnis ihrer Partnerwahl. Beide trauten sich keinen fordernden, erotisch und emotional starken Partner zu: Mauerblume wählt Mauerblümchen. Beide schonten die Beziehung durch ihre Schneckenhausrückzüge fast bis zum Erlöschen. Bis sie es nicht mehr aushielten.

„Im Scheitern", sagt Karl Jaspers, „kommt der Mensch zu sich selbst." In *Die geistige Situation der Zeit* (1933) rühmt der Philosoph: „Der Mensch ist immer mehr, als er von sich weiß. Er ist nicht, was er ein für allemal ist, sondern er ist Weg." Eben diesen Weg beschritten Maria und Michael nun. Dass Maria in ihrer Not und unter ihrem zunehmenden Leidensdruck mich, den Psychotherapeuten, aufsuchte und beim zweiten Mal ihren Michael mitbrachte, war der Anfang der Problemlösung: Sie krochen aus ihrer Igelhaut heraus. Innerhalb der folgenden Sitzungen spürten Maria und Michael ihre Chance: Sie gestanden sich ihre Liebe. Sie gingen aufeinander zu. Sie gönnten sich Zärtlichkeit und Eros. Ihr Selbstbewusstsein wuchs, auch ihre Konfliktfähigkeit. Sie wandelten sich. Maria und Michael begriffen, was die jüdische Lyrikerin Hilde Domin (1909–2006) als Geheimnis des Lebens rühmt:

Nicht müde werden
sondern dem Wunder
leise
wie einem Vogel
die Hand hinhalten.

Oft spielen bei der anstehenden Verwandlung des Ichs Träume eine antizipierende Rolle. Sie sind Botschaften des Unbewussten. Maria hat mir in der ersten Sitzung einen so genannten Serientraum erzählt, der sie hartnäckig verfolgte. Sie schämte sich, weil sie ihn als narzisstisch und überheblich empfand. Maria: „Ich sehe mich auf einem Laufsteg mit lauter sagenhaft hübschen Mädchen. Sie tragen knappe Bikinis, die ihre Reize zur Geltung bringen. Sie sind braungebrannt, haben schöne Haare und zeigen ein strahlendes Lächeln. Ich dagegen bin weiß wie ein Edamerkäse. Ich trage einen hässlichen Badeanzug und fühle mich plump. Plötzlich brandet Beifall auf: Ich bin vom Publikum zur Schönheitskönigin gewählt worden. Ich schaue erstaunt an mir herunter. Ich bin plötzlich hübsch wie eine Prinzessin im Märchen." Es ist unschwer zu erraten, dass der Traum Marias wahres schönes Ich aufzeigte und sie aufforderte, sich von ihrem Aschenputtelsyndrom zu befreien und ihre Schönheit genießen zu lernen.

Das Leben ist eine Baustelle. Der moderne Mensch ist ein unermüdlicher Sinnsucher und Weltanschauungstourist. Er führt eine Bastelexistenz. Wir sind sozusagen eine Generation ohne Gebrauchsanleitung. Wichtig ist, dass wir immer wieder die Verwandlung wagen. „Tod ist, wenn einer lebt und es nicht weiß", schreibt Rilke (in *Die weiße Fürstin*). Hören wir lieber auf Goethe (in *Schriften zur Literatur. Ein Wort für junge Dichter*): „Man halte sich ans fortschreitende Leben und prüfe sich, denn da beweist sich's im Augenblick, ob wir lebendig sind, und bei späterer Betrachtung, ob wir lebendig waren."

Von den „drei Verwandlungen" spricht Nietzsche im *Zarathustra*: „Drei Verwandlungen nenne ich Euch des Geistes: Wie der Geist zum Kamel wird und zum Löwen das Kamel und zum Kinde zuletzt der Löwe." Der Denker formuliert hier in einer berückend schönen Weise die Wandlungsschritte des Ichs zu einem souveränen Individuum: „Was ist schwer?, so fragt der tragsame Geist, so kniet er nieder, dem Kamele gleich, und will gut beladen sein."

Dem Kamel gleich, das beladen in die Wüste eilt, eilt der Mensch in seine Wüste: „Aber in der einsamen Wüste geschieht die zweite Verwandlung: Zum Löwen wird hier der Geist, Freiheit will er sich erbeuten und Herr sein in seiner eigenen Wüste."

Doch warum muss „der raubende Löwe" auch noch zum Kind werden? Nietzsche meint das naiv-neugierige, selbstständige Streben und die Zukünftigkeit des Kindes, seinen Eigen-Sinn, wie *Zarathustra* proklamiert: „Unschuld ist das Kind und Vergessen, ein Neubeginn, ein Spiel, ein aus sich rollendes Rad, eine erste Bewegung, ein heiliges Ja-Sagen. Ja, zum Spiele des Schaffens ... bedarf es eines heiligen Ja-Sagens: S e i n e n Willen will nun der Geist, s e i n e Welt gewinnt sich der Weltverlorene."

Verwandlung ist Selbstbestimmung und Wagnis des Ichs. Nietzsches Zarathustra formuliert es bei aller Poetik schonungslos offen: „Die Seele in ihrer Wesenheit sagt sich selbst: Niemand kann die Brücke bauen, auf der gerade du den Fluss des Lebens überqueren musst – niemand außer dir selbst. Natürlich gibt es zahllose Wege und Brücken und Halbgötter, die bereit sind, dich über den Fluss zu tragen, aber nur um den Preis deines eigenen Selbst. In der ganzen Welt gibt es nur einen bestimmten Weg, den niemand außer dir gehen kann. Wohin führt er? Frage nicht, sondern gehe ihn. Sobald jemand sagt: ‚Ich möchte ich selbst bleiben‘, entdeckt er, dass dies ein furchtbarer Entschluss ist. Nun muss er in die Tiefen seiner Existenz hinabsteigen."

Die Versöhnung

Zum Abgewöhnen

Sie ist ja so sensibel, die Ärmste.
Ein scheeler Blick, eine Absage,
ein bisschen Ärger, mir
macht das nichts aus, aber sie
ist weich im Nehmen.

Schon ist sie gekränkt,
beklagt sich, droht mit Migräne.
Dann wieder bockt sie,
stellt sich taub, will nicht,
spielt die Unergründliche.

Ja, diese ewige Nörglerin
geht mir oft auf die Nerven.
Aber was soll ich machen?
Unzertrennlich sind wir,
bis dass der Tod uns scheide,

meine Psyche und mich.

Hans Magnus Enzensberger
Rebus. Gedichte.
(Suhrkamp, 2009)

Solange unser Ich mit sich selbst oder anderen unversöhnt ist, ist es nicht heil. Natürlich fügt das Leben uns Wunden zu. Aber wollen wir uns auf Dauer als Kranke definieren? Sind die Menschen, die wir aufgrund vergangener Streitigkeiten immer noch

Dich will ich lieben, du harmlos Leben,
Leben des Hains und des Quells.
(Friedrich Hölderlin)

hassen, nicht ein Teil unseres eigenen Schattens? Wozu brauchen wir unsere Unversöhntheit? Was verdeckt sie? Wem weichen wir damit aus? Können Rachegefühle uns helfen? Oder machen sie uns krank? „Jeder, der sich zur Rache entschließt", sagt das chinesische Sprichwort, „sollte zwei Gräber graben". Das erste ist für den Gegner, das zweite für die eigene Lebendigkeit und den eigenen Seelenfrieden.

Ich werde nie vergessen, wie ich zu Beginn meiner beruflichen Laufbahn als junger Journalist einen von mir wegen seines scharfen Intellekts bewunderten Kollegen, der zum Chef ernannt worden war, mit Groll und Missgunst begegnete. Gewiss, die Redaktion hatte sich unter einer unfähigen Führung in katastrophale Fraktionskämpfe zerstritten. Wir kämpften alle mit harten Bandagen. Der neue Chef war durch seine hilflose Arroganz mit der Führung von zwei Dutzend engagierten Journalisten überfordert. Er setzte mich und andere als Ressortleiter ab. Meine Enttäuschung, mein Zorn und meine Erbitterung hatten zweifellos einen realen Grund, denn etwa zwei Jahre nach meiner Kündigung geriet die Zeitung durch die Misswirtschaft der Chefredaktion tatsächlich in Insolvenz. Jahre später begriff ich: Der „Neue" besaß mit seinem emotionsarmen, schizoiden Charakter genau jene Sachlichkeit, die mir Gefühlsmenschen fehlte: Im Gegensatz zu mir verwechselte er den Zeitungsbetrieb nicht mit einer Familie, sondern agierte autoritär und uneinfühlsam. Der neue junge Chef und ich waren sozusagen „Schattenbrüder" – er lebte mir die Sachlichkeit vor, die mir fehlte, ich ihm seine mangelnde Emotionalität. Als ich das endlich begriff, kam Frieden in meine Seele. Ich ließ dem Exkollegen, der längst anderswo arbeitete, über seine geschiedene Frau mitteilen: „Unser Streit tut mir leid. Ich war ein Arschloch." Postwendend kam die Antwort: „Es tut mir auch leid. Ich war das größere Arschloch." Ohne uns je wieder gesehen zu haben, versöhnten wir uns mit diesen vier Sätzen.

Der steinige Weg der Versöhnung mit einem anderen Menschen lohnt sich. Ein versöhntes Ich ist reifer geworden, gütiger und verständnisvoller. Aber wie schwer Versöhnung mit dem Schicksal ist, das lernte ich bei Heiner. Der einundvierzigjährige Lehrer hatte vier Jahre zuvor seine Frau durch einen Verkehrsunfall verloren. Stephanie, im dritten Monat schwanger, war beim Joggen von einem Lastwagen überrollt worden. Sie starb noch an der Unfallstelle. Dem furchtbaren Geschehen war beim besten Willen kein Sinn abzugewinnen. Heiner versteinerte seelisch. Es ging ihm so, wie es die Lyrikerin Mascha Kaléko formuliert: „Vor meinem eigenen Tod ist mir nicht bang,/Nur vor dem Tode derer, die mir nahe sind./Wie soll ich leben, wenn sie nicht mehr da sind? …/Bedenkt: Den eigenen Tod, den stirbt man nur,/Doch mit dem Tod der anderen muss man leben."

„Die Erde ist ein Wirt", sagt ein persisches Sprichwort, „der seine Gäste umbringt". Das ist der Skandal des Todes. Er ist in seiner Unbegreiflichkeit Anlass für die Entstehung der Religionen und der Philosophie. Seine grausame Unerbittlichkeit stürzt uns in Trauer. Wenn unsere Resilienz, unsere Widerstandskraft, geschwächt ist, fallen wir in die Depression. Heiner war untröstlich. Er war körperlich in einer schlechten Verfassung, weil er seine Ernährung vernachlässigte und sich fast nur mit Tiefkühlpizza, Pommes frites und halben Hähnchen vom Stand versorgte und zu viel dem abendlichen Rotwein zusprach. Psychosomatisch litt er unter einer chronischen reaktiven Depression.

Heiner hatte sich resigniert auf ein halbes Lehrdeputat setzen lassen. Er kam zu mir mit der Frage, ob er nicht überhaupt eine Frühpensionierung anstreben sollte. „Seit dem Tod von Stephanie hat doch alles keinen Sinn mehr", meinte Heiner düster. Ich riet ihm energisch ab. Das wäre, so gab ich ihm zu bedenken, der Rückzug in die Soziophobie, die generalisierte Angst vor allen Menschen. Er würde vielleicht nicht mehr seine Wohnung – seine Höhle, wie er sagte – verlassen. Immerhin hielten ihn die Kontakte mit den Kollegen und den Schülern noch in einer gewissen Lebendigkeit. Seine Depression milderte sich regelmäßig, wenn ihn die zehnjährigen Zwillingstöchter seiner Schwester besuchten. Heiner liebte sie und ließ sich von ihnen aufmuntern. Das erfüllte mich mit Hoffnung. Offensichtlich hatte er seine Bindungsfähigkeit nicht völlig eingebüßt. Sein Ich war nicht ganz versteinert. Die Liebe erreichte ihn noch, wenn auch nur selten.

Die Therapie zog sich hin. Es war für Heiner schwer, mit dem sinnlosen Tod seiner strahlenden jungen Stephanie fertig zu werden. Erbittert zitierte er mir aus Rilkes *Stundenbuch* den flehentlichen Wunsch des Dichters: „Oh Herr, gib jedem seinen eigenen Tod./Das Sterben,/das aus jenem Leben geht,/darin er Liebe hatte, Sinn und Tod." Aber im Laufe der Sitzungen, in denen Heiner das Bild der Verstorbenen liebevoll rekonstruierte und das Geschenk ihrer Liebe dankbar verinnerlichte, wurde uns beiden klar, dass ein untilgbarer Rest von Schmerz für die Trauerarbeit lebensnotwendig ist. Ich schenkte Heiner ein kurzes Gedicht des Lyrikers Friedrich Rückert (1788–1866), der selbst ein Leben lang über den Tod zweier seiner Kinder trauerte. Es lautet *Über alle Gräber:*

Über alle Gräber wächst zuletzt das Gras,
Alle Wunden heilt die Zeit, ein Trost ist das,
Wohl der schlechteste, den man kann erteilen;
Armes Herz, Du willst nicht, dass die Wunden
  heilen.
Etwas hast Du noch, solange es schmerzlich brennt;
Das Verschmerzte nur ist tot und abgetrennt.

Das Therapieziel kristallisierte sich heraus: Trauer ja – Depression nein. Wir machten das, was man die

Lebensrückblickstherapie nennt, eine positive und detaillierte Nacherzählung des Lebens im Sinn der erinnernden *Integration*. Wir schauten uns zahlreiche Fotos von Stephanie und Heiner an. Wie viel Schönes hatte Heiner doch mit Stephanie erlebt! Wie lebendig und fast greifbar erfüllte ihr fröhlicher Geist den Raum! Wie reich hatte sie sich selbst und Heiner beschenkt! Hoffnungsvoll war auch, dass Ursula, eine kluge, geschiedene Kollegin von Heiner, ein liebendes Auge auf ihn geworfen hatte. Doch noch prallte sie bei ihm wie an einer Mauer ab.

In der Therapie arbeiteten wir das bewegende Buch von Verena Kast *Trauern. Phasen und Chancen des psychischen Prozesses* (1982) durch. Das half Heiner, in die „Phase des neuen Selbst- und Weltbezugs" (Kast) zu gelangen. Besonders beeindruckte ihn das darin abgedruckte skandinavische Märchen *Die Ehegatten*: „Ein Mann und eine Frau, die sich von Herzen lieben, vereinbaren, dass, wenn einer von ihnen stürbe, der andere nicht wieder heiraten werde. Die Frau stirbt. Der Mann verharrt einige Zeit in der Trauer. Dann gewinnt er eine andere Frau lieb. Er führt sie zur Trauung. Kurz vor der Kirche fällt ihm ein, dass er noch einmal mit seiner verstorbenen Frau Zwiesprache halten und sie um Verzeihung und ihr Verständnis bitten will.

Die Braut wartet vor der Kirche. Der Mann eilt zum Grab. Als er die Verstorbene um Verzeihung bittet, öffnet sich das Grab, und die Frau ruft ihn zu sich.

Sie fordert ihn auf, auf dem Sarg zu sitzen: ‚Trinkst du Wein?' sagte die Frau im Grabe zu ihm. Und sie gab ihm einen Becher, und der Mann trank. Dann wollte er fortgehen. Aber sie bat: ‚Bleib noch hier und lass uns vertraulich plaudern!' Sie goss ihm einen zweiten Becher ein, und der Mann trank wieder. Dann stand er wieder auf und wollte gehen, aber wieder sagte sie: ‚Lass uns doch plaudern!' Und der Mann blieb und plauderte. – Zuhause hielten sie eine Andacht, weil sie glaubten, der Mann sei gestorben. Die Braut wartete und wartete und ging schließlich zu ihren Eltern zurück. Und sie gab ihm den dritten Becher und immer noch bat sie ihn zu bleiben. Endlich ließ sie ihn fort: ‚Geh nur hin!', sagte sie. Da ging der Mann fort. Er kam zur Kirche, aber da war kein Pfarrer mehr, nichts mehr, und er selbst war grau wie ein alter Wiedehopf, weil er dreißig Jahre im Grab gewesen war."

Heiner, der einige Zeit seines Lebens vertrauert hatte, lernte am Ende das, was Verena Kast die „Kunst des abschiedlich Existierens" nennt. Kast: „Der Tod ragt ins Leben hinein. Ständig verlieren wir etwas, müssen wir loslassen, verzichten, uns voneinander trennen, etwas aufgeben … aber wir verlieren nicht nur, wir gewinnen auch." Heiner gesundete. Er und Ursula fanden schließlich zusammen. Dabei bewahrte er Stephanie eine memorative Treue, frei nach Honoré de Balzac (1799–1850): „Man lebt zweimal, das erste Mal in der Wirklichkeit, das zweite Mal in der Erinnerung."

Versöhnen heißt Verzeihen. Das Nichtverzeihen ist Unfrieden in Permanenz. Es ist Realitätsverleugnung. Ob es die Eltern, die Geschwister, der Ex-Partner, ein Chef, eine Freundin, ein Freund ist, wir müssen das *Museum der Verletzungen* schließen, wenn wir unser Ich von dem alten Gerümpel niederdrückender Erinnerungen befreien wollen. Versöhnen heißt nicht Vergessen. Es bedeutet jedoch, den Verletzungen ihren richtigen Platz anzuweisen. Ich bin nicht mehr das Opfer von damals. Selbst sexuell missbrauchte Frauen nennen sich *Survivors, Überlebende*. Sie verlassen damit das Opferschema.

Nur der Starke kann verzeihen. Der Feige vergibt niemals. Je mehr ich mit mir selbst versöhnt bin, desto besser kann ich mich mit anderen versöhnen. Je mehr ich den eigenen *Schatten*, die Abgründe und Peinlichkeiten meines Ichs, anzusehen gewagt habe – die Therapie ist so ein Ort der barmherzig assistierten Vivisektion –, desto wohlwollender kann ich mit dem Schatten des anderen umgehen. Wer wagt zu entscheiden, was schwerer ist, die Fremdversöhnung oder die Versöhnung mit sich selbst?

Sabine und Jakob, beide Mitdreißiger, hatten sowohl mit der gegenseitigen als auch der eigenen Versöhnung zu kämpfen. Das war zunächst so nicht sichtbar. Zwischen ihnen hatte sich ein schlimmer Beziehungsunfall ereignet: Bei einer ihrer zur Gewohnheit gewordenen Streitigkeiten hatte Sabine in der Wut den Küchentisch mitsamt dem Abendessen umgekippt. Jakob hatte sich daraufhin in depressiver Manier in sein Arbeitszimmer eingeschlossen. Er verweigerte eine Aussprache. Sabine packte eine Reisetasche und verließ türenknallend die schicke Eigentumswohnung. Sie floh zu einer Freundin, stieg vierundzwanzig Stunden später mit einem Arbeitskollegen ins Bett und ließ Jakob zwei Wochen im Ungewissen schmoren. Erst durch die Vermittlung der Freundin trafen sich die beiden zerstrittenen Partner wieder. Sabine zog zurück, doch der Friede war gestört, die Paartherapie angesagt.

Sie waren ein attraktives, erfolgreiches, kinderloses Paar. Ihr destruktiver Beziehungsmodus war nervtötend: Sie nörgelte und wütete, er zog sich, ganz beleidigte Leberwurst, zurück. Jeder fühlte sich vom anderen nicht beachtet, zu wenig geliebt, ja gemobbt. Auf sie traf das Abschiedswort der Lyrikerin Ingeborg Bachmann an ihren Geliebten, den verheirateten Dichter Max Frisch, zu: „Alles ist Wunden schlagen und keiner hat keinem verziehen, verletzt wie du und verletzend lebte ich auf dich hin."

Sabine und Jakob kamen andererseits nicht voneinander los. Ihr Liebeshunger schien mir unersättlich. Zwei Äußerungen ließen mich aufhorchen. Sabine gestand: „Als Kind habe ich wenig Liebe bekommen. Meine Eltern waren seelisch karge Persönlichkeiten. Sie hätten nie fünf Kinder bekommen dürfen. Jetzt möchte ich von meinem Mann nichts als Liebe, Liebe und nochmals Liebe." Das klang nach der Stimme einer fast Verhungernden.

Jakob wiederum bekannte: „Ich hatte es auch nicht leicht. Ich bin ein Heimkind. Ab dem achten Lebensjahr bekam ich eine Art Gnadenbrot bei Pflegeeltern. Der Stiefvater war ein Sadist, der nur so zum Spaß seinen großen Schäferhund auf mich hetzte, wenn es ihm danach war. Der Hund warf mich einfach um. Mit achtzehn Jahren lernte ich in der Straßenbahn Sabine kennen. Es war alles fantastisch. Sabine war meine Prinzessin, meine Erlöserin."

Wir spüren schon, hier ist etwas viel von „Liebe, Liebe und nochmals Liebe", „Prinzessin" und „Erlöserin" die Rede. Solche Worte sind verräterisch. Sie enthüllen das geheime Motiv der Partnerwahl. Hier wollen zwei arme Seelen durch den himmlischen Traumpartner in die Gefilde der Seligen erhoben werden. Auf diesen Partner richten sich die Projektionen der einst ungestillten Bedürfnisse. Die Himmelsbotin, der Erzengel sollen den jeweils anderen im Rosenwasser der kosmischen Allliebe heilen. Das mag in den Wonnen der anfänglichen romantischen Liebe und verschmelzenden Entrückung nach Art einer berauschenden Droge kurzfristig gelingen, dem „Realitätsprinzip" (Freud) des Alltags und den „Mühen der Ebene" (Brecht) hält es nicht stand.

Der Psychotherapeut Wolfgang Schmidbauer analysiert das in seinem Buch *Mobbing in der Liebe* (2007) so: „Menschen, die sich scheinbar wie magisch anziehen, suchen häufig nach einer überoptimalen Partnerschaft, in der die Kränkungen, die sie in der Vergangenheit erlebt haben, wieder gutgemacht werden sollen. Am Anfang bestätigen sich beide auch in ihrem Glauben, sie könnten diesen sehr hohen Anspruch wirklich erfüllen." Tatsächlich haben sie jedoch ihre kindlichen Demütigungen und Verletzungen nicht aufgearbeitet, sondern tragen diese in die aktuelle, erwachsene Beziehungsdynamik. Schmidbauer: „So werden Traumata aus der Vergangenheit wiederholt, statt sie aufzulösen."

Die Enttäuschung ist dann, wie bei Sabine und Jakob, vorprogrammiert und grenzenlos. Sie entwickeln eine Mobbing-Beziehung. Jeder fühlt sich als das Opfer des anderen. Es ist ein Teufelskreis, bei dem jeder seine eigene – aktive oder passive – Aggression ausblendet. Jeder meint, lediglich auf den „bösen" Partner zu reagieren. Da wird zu Lande, zu Wasser und in der Luft gekämpft. Sabine wütet. Jakob geht in den erpresserischen Rückzug. Sabine erpresst mit sexuellem Entzug. Jakob stellt Zärtlichkeiten ein. Jakob mauert. Sabine flüchtet zur Freundin und bestraft Jakob mit einem Seitensprung. Verzweifelt versuchen beide, ihr Selbstwertgefühl zu stabilisieren. Sie tun alles, um den Partner unter Druck zu setzen. Denn sie delegieren ja an ihn die geheime Botschaft, er möge das Liebesdefizit ihres kindlich gebliebenen Ichs stillen. Das aber käme einem Unterfangen gleich, die Wüste mit einer Gießkanne bewässern zu wollen.

Warum aber klebten Sabine und Jakob so aneinander? Es hätte doch bei so vielen Streitigkeiten nahe gelegen, diese quälende Partnerschaft zu verlassen und anderswo das Glück zu suchen. Der Grund war, wie die Paartherapie aufdeckte, dass die beiden es vorzogen, lieber in einer schlechten Beziehung, als alleine zu leben. Denn Einsamkeit und Verlassensein hatten sie als Kinder schmerzlich genug erlebt. Angst ist wie ein Klebstoff. Es wurde für das Schmerzenspaar zur schmerzhaften Reifeleistung, zu erkennen, dass es für die Kränkungen ihrer Kindheit und Jugend keine Wiedergutmachung gab.

Reif sein bedeutet einem psychologischen Diktum zufolge, aufzuhören um eine bessere Vergangenheit zu kämpfen: Es war so. Es tut weh. Ein Neuanfang ist notwendig. Das Ich offenbart sich in der Partnerwahl. Die Beziehung zum Partner, das Geheimnis der Partnerwahl, ist kein Zufall, sondern hat etwas Schicksalhaftes. Es bedeutete für Sabine und Jakob, dem Wunsch nach der Liebeserlösung durch den anderen zu entsagen und endlich Anerkennung und Liebe in sich selbst zu finden. Nicht nur die Beziehungsarbeit, sondern auch die Versöhnung mit der je eigenen Persönlichkeit stand nun für die Liebenden auf der Agenda.

Sabine und Jakob verließen ihre Mobbing-Beziehung mit Hilfe der Psychotherapie und vieler *Zwiegespräche* nach Lukas Michael Moeller. Sie erkannten ihre wechselseitige Verstrickung und die Tragödien ihrer Kindheit. Sie offenbarten sich einander. Sie weinten vor Schmerz über das Vergangene und über das Glück ihrer neu gefundenen Liebe. Sie konnten sich nicht gegenseitig erlösen, aber sie wurden sich zu Entwicklungshelfern. Sie erkannten, dass sie bei der emotionalen Irrfahrt ihrer destruktiven Beziehung Co-Piloten gewesen waren. „Erst wenn ich ohne dich leben kann", sagt ein Psychologenwort, „kann ich mit dir leben".

Jetzt wurden Sabine und Jakob erwachsen. Sie errangen das, was man in der Paartherapie realistisch die „resignative Reife" nennt. Sie versöhnt sich mit der schweren Vergangenheit. Sie hasst nicht mehr. Jetzt konnten sie sich auch zu einem Kind entschließen: Weil aus Liebeshungrigen Liebessatte geworden waren. Jetzt bestanden sie das aufregendste Liebesabenteuer, das der Dramatiker Friedrich Hebbel (1813–1863) in seinen Tagebüchern so beschreibt: „Liebe heißt, in dem anderen sich selbst erobern."

Die Versöhnung mit dem Ich heißt, sich selbst zu verzeihen. Das ist oft das Schwerste. Wie oft erlebe ich, dass Patienten sich unter der „Sündenlast" ihres Lebens wie ein Wurm krümmen. Unvergesslich sind mir die Selbstvorwürfe von Tilde. Die zweiundsechzigjährige Pensionärin und langjährige allein erziehende Mutter, grämte sich unversöhnlich, dass sie ihrer unehelichen Tochter zu spät den Namen ihres Vaters offenbart hatte. Wir erforschten ausführlich die damaligen Motive für Tildes Schweigen.

Tilde erinnert sich: „Meine erste, kinderlose Ehe war gescheitert. Ich blieb dann fast ein Jahrzehnt allein. Dann begegnete mir Ewald. Ich war Mitte dreißig, er zweiundzwanzig. Es war eine Begegnung aus der sexuellen Not heraus und unter Alkoholeinfluss auf einem Betriebsausflug. Wir haben nur ein einziges Mal miteinander geschlafen. Aber das eine Mal genügte, um mich schwanger werden zu lassen. Ewald war ein unmöglicher Heiratskandidat, der hurte überall herum und geriet wenig später wegen eines schweren Raubüberfalls mit Todesfolge auf Jahre ins Gefängnis. Ich schämte mich entsetzlich. Da ich aus einem engherzigen katholischen Milieu stamme, getraute ich mich auch nicht, die Schwangerschaft abzubrechen. Ich habe keinem, nicht einmal meiner Mutter, gesagt, von wem das Kind stammte. Vor allem aber meinem Kind, der Ursula, habe ich es verschwiegen. Ich wollte ihr die Schande eines kriminellen Vaters ersparen. Ich fabulierte ihr immer von einem geheimnisvollen und gebildeten Mann vor, der sich aus gesellschaftlichen Gründen nicht zu einem Kind bekennen dürfte.

Ursula glaubte, wie sie mir später gestand, sie sei die Tochter eines Priesters. Erst als sie nach dem Abitur energisch darauf drängte, den Namen ihres Vaters zu erfahren, rückte ich ihn heraus. Sie recherchierte sofort nach ihm, weil sie ihn unbedingt kennenlernen wollte. Sie sah ihm auch ähnlich. Die Tragödie war, dass ihr Vater, als sie endlich seine Adresse herausgefunden hatte, ein halbes Jahr vorher gestorben war. Ursula hat mir das lange nicht verziehen."

Hatte Tilde ihren Fehler nicht begangen, weil sie es gut meinte? Ist es unverzeihlich, dass ein Mensch „sündigt"? Tilde musste lernen, sich selbst zu verzeihen. Sie lernte es. Früher sprach der katholische Priester im Beichtstuhl über das arme Schäflein die sakramental lösenden Worte *ego te absolvo, ich löse dich (von deinen Sünden)*. Heute sind wir es selbst, die unsere Sünden erlassen dürfen. Habe ich meinen Schatten genügend erkundigt, beweint und bewütet, mag ich am Ende dieser Seelenläuterung sagen *ego me absolvo, ich spreche mich frei*.

Die Versöhnung ist ein Geschenk an mich und an die anderen. Nietzsche warnt (in *Menschliches, Allzumenschliches*): „Wer sich selbst hasst, den haben wir zu fürchten, denn wir werden die Opfer seines Grolls und seiner Rache sein. Sehen wir also zu, wie wir ihn zur Liebe zu sich selbst verführen." Das Alters-Ich kann nur aus der Versöhnung mit sich selbst bestehen. Entweder Integration meines Lebens oder Verzweiflung heißt die Alternative. Entweder kann ich mit Frank Sinatra sagen „I did it my way" oder ich jammere nach Art greisenhafter Gespenster über mein versäumtes Leben.

Das Alter präsentiert mir die Quittung meines Lebens. Seine Bilanz lautet: „Ich bin, was ich geworden bin." Besitze ich, wie die Jungianer sagen, einen kohärenten Ich-Komplex, ein rundes Ich? „Alternde Menschen", hat die Schauspielerin Jeanne Moreau einmal positiv formuliert, „sind wie Museen: Nicht auf die Fassade kommt es an, sondern auf die Schätze in ihnen."

Wie kann man diese Schätze vom Grunde des Lebensozeans heraufholen und bergen? Verena Kast empfiehlt, für diese Integrationsaufgabe eine *Freudenbiografie* aufzustellen. Ich selbst mache das gern mit größeren Gruppen in einer geleiteten Freudenmeditation. Während die Teilnehmer unter warmen Decken liegen und sanfte Meditationsmusik sie wie die warmen Wellen des Meeres umspülen, rufen sie sich, von meinen Fragen geleitet, die Fülle ihrer köstlichen Lebensfreuden vom Kleinkind mit der gehätschelten Puppe bis zu den Alltagsfreuden mit ihren geliebten Menschen, der Landschaft, der Wohnung, des Berufs und der Freizeit vor das innere Auge. Es ist ein bewegender Moment der inneren Einkehr und lebensintegrierenden Dankbarkeit.

So gesehen haben wir die Chance, ein dankbares Alters-Ich jenseits der Fremdbestimmung zu entwickeln. Julia Onken bekennt in ihrer seelischen Autobiografie *Eigentlich ist alles schief gelaufen. Mein Weg zum Glück* (2005): „Eines der größten Geschenke des Älterwerdens ist das allmähliche Wegfallen narzisstischer Attitüden. Es ist, wie wenn ein schwerer Rucksack abgeworfen werden könnte. Wenn ich einen Raum betrete, muss mich die Frage ‚Welchen Eindruck mache ich wohl?‘ nicht mehr beschäftigen."

Dankbarkeit, ja Dankbarkeit, das ist es. Das versöhnte Ich kann mit Hölderlins *Hyperion* das Leben lieben:

Dich will ich lieben, du harmlos Leben.
Leben des Hains und des Quells!
Dich will ich ehren, o Sonnenlicht!
An dir mich stillen, schöner Äther,
der die Sterne beseelt und hier auch
diese Bäume umatmet und hier
im Innern der Brust uns berührt!

Die Liebe

*Mensch, was du liebst, in das wirst
du verwandelt werden.*

Angelus Silesius
(1624–1677)

Immer mehr zu werden, was ich bin", sagt der Theologe und Philosoph Friedrich Schleiermacher (1768–1834) in *Monologe*, „das ist mein einziger Wille". Dabei braucht das Ich die Liebe wie die Blume Erde, Sonne und Wasser. Je geringer unser „Selbstwert-Topf" (Virginia Satir) mit Liebe gefüllt ist, desto schwächer ist unser Selbstbewusstsein.

Wie wichtig Liebe für unser Ich und die Bewältigung unserer Existenz ist, hat Eugen Drewermann (in *Wie zu leben wäre*, 2002) in einer längeren Passage so ins Bild gerückt: „Die Frage, warum gibt es etwas?, weist darauf hin, dass sich aus all den Ursachen der Zufall, die Sinnlosigkeit, die Absurdität nie vertreiben lässt. Jeder Mensch ist im Grund ein unvorhersehbarer Zufall, ein Gebilde, das unter Millionen anderer Möglichkeiten rein zufällig ausgewählt wurde. Es hat biologisch niemanden gegeben, der diese Wahl getroffen hätte. Das kann dir die Natur nicht sagen, das können dir die Sterne nicht sagen. Das kann dir der Wind und das können dir die Flüsse nicht sagen. Du bist als Mensch in gewissem Sinne herausgelöst aus all dem und unter den Ster-

DIE LIEBE IST DER ENDZWECK
DER WELTGESCHICHTE,
DAS AMEN DES UNIVERSUMS
(Novalis)

nen vollkommen allein. Nur ein anderer Mensch mit seiner Liebe kann dir sagen: Dich müsste man erfinden, wenn es dich nicht gäbe".

Der Psychoanalytiker kommt zu dem Schluss: „Die alten Ägypter konnten sagen: Jeder Mensch ist ein Kunstwerk, das im Himmel hergestellt wurde und wie eine Leihgabe an die Zeit auf diese Welt kam. Kein Mensch ist das, was er auf Grund seines Wesens alles verkörpern könnte. Vieles ist im Laufe der Zeit sogar zerdrückt und verformt worden. Aber die Liebe besteht darin, in dem anderen dieses Urbild herauszuschwören und wieder herzustellen – und es sich entwickeln zu lassen, so wie die Sonne Blumen wachsen lässt in ihrer ganzen Schönheit."

Ein Mensch ohne Liebe lebt und ist dennoch tot. Die Lyrikerin Helga M. Novak hat, ihre eigene seelische Heimatlosigkeit reflektierend, ein Poem über diese Heimatlosigkeit verfasst:

Keine Mutter nährte mich

keine Mutter hat mich je genährt
auch nur ein Hemd an mir gewechselt
die mich entband die fühlte nur
ihren eignen Schmerz
mich gab es für sie nicht
so frei war ich drei Tage alt
war gut mich zeitig freizugeben
mich konnte nehmen wer mich sah

lächelnd war ich niemandem verpflichtet
ich bin so frei und ohne Dank
seit meinem dritten Tag gewesen
jetzt da mich endlich keiner will
mit fünfzig ists ein andres Lächeln
und keine Liebe geht mir nun zur Hand
Heimat und Landstrich längst verloren
ganz ohne Vater immer schon
der sprengte meinen Kopf beizeiten
mit einem Schuss so bin ich frank und frei.

Im realen Leben wurde für Helga Novak das Liebes-
exil zum Schicksal. Bereits drei Tage nach ihrer Geburt in einem Kinderheim in Berlin-Köpenick gab
die Mutter das Neugeborene zur Adoption frei. Das
Gedicht, das fünfzig Jahre nach dieser Urszene ent-
stand, entblößt das Drama einer lebenslangen Verlorenheit. Die Schriftstellerin verlor auch „Heimat
und Landstrich", weil der SED-Staat auf ihre zor-
nigen Verse mit Verfolgung reagierte. 1961 floh Helga Novak nach Island, nomadierte später durch die
Bundesrepublik nach Italien und zog sich schließlich, wie die biografische Auskunft lautet, in die
„polnischen Wälder" zurück.

Die Nichtgeliebte fand die Liebe nicht. Ob sie wohl
als Erwachsene bei ihren Begegnungen mit Männern
enttäuscht wurde? Ob sie falsch gewählt hat? Ob sie
sich selbst, das enttäuschte Kind, misstrauisch gegen
die Liebe verhalten hat? Wir wissen es nicht. Oft
bürdet unser hungerndes Ich der Liebe zu viele Er-

wartungen auf. Wir machen die Liebe zur Religion, zur messianischen Erlösung des Ichs, frei nach Hölderlin: „Mächtig durch die Liebe winden/Von der Fessel wir uns los,/Und die trunknen Geister schwinden/Zu den Sternen, frei und groß!"

Tatsächlich folgt das Liebes-Ich den nüchternen Gesetzen des Gezeitenwechsels. Anne Morrow Lindbergh beschreibt dies in ihrer poetischen Selbstreflexion *Muscheln in meiner Hand* mit warmem Realismus: „Wenn man jemanden liebt, so liebt man ihn nicht die ganze Zeit, nicht Stunde um Stunde auf die gleiche Weise. Das ist unmöglich. Es wäre sogar eine Lüge, wollte man diesen Eindruck erwecken. Und doch ist es genau das, was die meisten von uns fordern. Wir haben so wenig Vertrauen in die Gezeiten des Lebens, der Liebe, der Beziehungen. Wir jubeln der steigenden Flut entgegen und wehren uns erschrocken gegen die Ebbe. Wir haben Angst, die Flut würde nie zurückkehren. Wir verlangen Beständigkeit, Haltbarkeit und Fortdauer; und die einzig mögliche Fortdauer des Lebens wie der Liebe liegt im Wachstum, im täglichen Auf und Ab – in der Freiheit; einer Freiheit im Sinne von Tänzern, die sich kaum berühren und doch Partner in der gleichen Bewegung sind."

Der Weg zum Ich führt gleichsam über den Alpenpass der Liebe. Wer sich selbst nicht lieben kann, wird auch einen anderen Menschen letztlich nicht lieben können. Denn auf Grund seiner Selbstentfernung kann er an dessen Liebe nicht glauben. Das kranke Ich wird durch die Selbstliebe gesund. Diese eröffnet die Fremdliebe.

Exemplarisch deutlich ist mir das am letzten Fallbeispiel dieses Buches geworden, der Leidensgeschichte von Beate. Als sie zu mir kam, war die Chemielaborantin achtunddreißig Jahre alt und zum wiederholten Male Single. Zum fünften Male war ihr eine Beziehung in die Brüche gegangen. „Die Männer sind doch alle nur Luftnummern", sagte sie mir. „Warum kommst du dann in die Lebensberatung zu mir?", fragte ich. Beate war irritiert: „Das habe ich mich auch gefragt, aber an den Männern allein kann es wohl nicht immer liegen. Irgendetwas scheine ich falsch zu machen." Ich schlug ihr, in der Tradition der Gestalttherapie, eine Spiegelarbeit vor. Das heißt, ich ließ sie vor einen schmalen, großen Spiegel in meiner Praxis treten und fragte sie: „Was siehst du da?"

Beates Antwort war von einer lähmenden Traurigkeit: „Ich sehe eine dicke, resignierende Frau. Es ist wohl kein Wunder, dass es die Männer bei mir nicht aushalten. Dreimal bin ich verlassen worden. Die beiden anderen Male habe ich rechtzeitig die kriselnde Beziehung beendet, um nicht wieder beschämt zu werden."

Tatsächlich war Beate nicht nur dick, sondern adipös, das heißt krankhaft übergewichtig. Sie sprach verlegen von einer „Drüsenstörung". Sie leugnete das Syndrom ihrer Esssucht (und Fehlernährung). Es sei eine unheilbare Stoffwechselstörung, meinte sie. Sie setzte mir, psychoanalytisch gesprochen, den „Widerstand" entgegen. Denn sie schämte sich, ihr inneres Drama preiszugeben. So geht es vielen Übergewichtigen. Maria Nurowska registriert (in *Briefe der Liebe*, 2000): „Nie weiß man alles über die andere Person, das wäre wahrscheinlich furchtbar. Die alltäglichen Lügen bilden eine Schutzschicht, ohne die das nackte Fleisch zu sehen wäre. Das ließe sich nicht ertragen."

Je mehr mir Beate über ihren inneren Werdegang berichtete, desto stärker wuchs mein Mitleid. Als sie neun Jahre alt war, ließen sich ihre Eltern scheiden („Mein Vater zog zu einer jüngeren, attraktiveren Frau"). Beate: „Ich kam in eine miese Position. Mein Vater hat schon immer meine ältere Schwester vorgezogen. Mich übersah er. Auch nach der Scheidung benahmen er und meine Schwester sich wie verschworene Kumpel. Sie unternahmen viel miteinander. Ich blieb ausgeschlossen. Meine Mutter war unfähig, die Trennung zu verarbeiten und sich einem neuen Mann zuzuwenden. Sie trank zu viel Alkohol und fraß den Kummer in sich hinein. Aus einer ehemals vollschlanken Frau wurde ein träger Koloss. Sie war depressiv. Sie verurteilte alle Männer als verlogen. Ich schlug mich bedingungslos auf ihre Seite."

Die Folgen waren verheerend. Mutter und Tochter Beate trösteten sich fast täglich mit Fressorgien, um ihren Frust zu narkotisieren und ihre Sehnsucht nach Zuwendung ersatzweise zu stillen. Beate: „Ich hätte gerne, wie meine Schwester, einen Freund gehabt, aber weil ich die Dickste in der Klasse war, fand ich keinen. Also hielt ich mich an Bonbons, Schokolade, Torten und andere Süßigkeiten. Natürlich wusste ich, dass dies Dickmacher waren, aber die zur Sucht gewordene Begierde hielt mich in ihren Bann. Es war, als ob ich ein ungeheures Loch in meiner Seele stopfen müsste. Deshalb aß ich alles, was greifbar war, in Unmengen."

Beate lebte in einer negativen Koalition mit der Mutter gegen den lebenslustigen – und schlanken – Vater und die schöne Schwester. Hier trifft der alte Therapeutenspruch zu: „Der Neurotiker zieht sein bekanntes Unglück dem unbekannten Glück vor." Unser Ich hängt an seinen Neurosen. Es hat Angst, sie zu verlieren. Denn unser neurotisches Verhalten verspricht einen Ausweg – einen falschen.

Wen wundert es, dass sich Beates Männerbeziehungen zu Desastern entwickelten. Sie liebte sich selbst nicht. Sie flüchtete sich geradezu in die selbst gewählte Existenz eines Aschenputtels. Beate: „Da ich nicht glauben konnte, dass mich ein Mann um meiner Selbst willen lieben würde, versuchte ich, jeden Freund mit Dienstleistungen und übertriebenen Geschenken an mich zu binden. Ich war vom Hel-

192

fersyndrom wie verhext. Meinen jeweiligen Partnern gab ich keine Luft. Ich klebte an ihnen. Ich war krankhaft eifersüchtig."

Das erstaunt nicht, denn die arme Beate hatte statt eines stolzen Ichs einen „dicken" Minderwertigkeitskomplex. Dass sie warmherzig, einfühlsam und beruflich tüchtig war, dazu vorzüglich Klavier spielte, vermochte sie nicht wahrzunehmen. Sie ruhte nicht in sich, sondern suchte ihre Erlösung in Verschmelzung mit einem „Traummann". Den gab es natürlich nur in ihrer Fantasie. Weil sie auf diese Weise das Glück nicht fand, aß sie weiterhin süchtig wie in ihrer Kindheit und Jugend. Kurzfristige fragwürdige Diäten, Kalorienzählen, Nahrungsergänzungsmittel und Fastenzeiten bildeten lediglich Intermezzi in dieser Verzweiflungsreise ihres Lebens. Beate erwog sogar, sich mit Fettabsaugen und einer Magenbandoperation (!) künstlich verschlanken zu lassen. Seelisch verbarrikadierte sie sich. Wie sagt doch die Psychologie: „Aus der Festung der Kindheit wird der Kerker des Erwachsenen."

Therapeutisches Mitgefühl, Analyse und Ermutigung brachten Beate dazu, sich mit der tragischen Identifikation und Symbiose mit ihrer Mutter auseinanderzusetzen. Gleichzeitig schaffte sie es, sich mit ihren „Feinden", dem Vater und der Schwester, zu versöhnen und sich deren lebensbejahende Persönlichkeitsanteile stärker zu Eigen zu machen. Das sagt sich so leicht, in Wahrheit war es eine Seelenreise über Jahre, unter Einbeziehung der Psychosomatischen Klinik Wolfsried und dem Besuch der Selbsthilfegruppe OA *(Overeaters Anonymous)*.

Die esssüchtige Beate ging durch eine Flut von Trauer und Wut, Rückfälle mit eingeschlossen. Langsam gewann Beate ein Bild ihrer eigenen Weiblichkeit. Sie lernte es, sich zu lieben, achtsam mit sich umzugehen und, nach einer Ernährungsumstellung auf vitalstoffreiche Vollwertkost, über zwanzig Kilo abzunehmen. Am Ende stand, wie ich später erfuhr, ein bühnenreifes Happyend: In ihrer Selbsthilfegruppe der *Overeaters Anonymus* fand Beate einen Schicksalsgefährten und damit eine nahrhafte und realistische Liebe. Sie erfüllte gleichsam die dialektische Definition der Liebe, die der Philosoph Georg Wilhelm Friedrich Hegel (1770–1831) in seinen *Vorlesungen über die Ästhetik* vornimmt: „Das wahrhafte Wesen der Liebe besteht darin, das Bewusstsein seiner Selbst aufzugeben, sich in einem anderen Selbst zu vergessen, doch in diesem Vergeben und Vergessen sich erst selbst zu haben und zu besitzen."

Die Liebe und die liebende Bejahung des Lebens bilden den Angelpunkt unseres Ichs. Dies ist mir bei der Lektüre von Christoph Schlingensiefs erschütterndem Bekenntnisbuch *So schön wie hier kann es im Himmel gar nicht sein. Tagebuch einer Krebserkrankung* (2009) erneut klar geworden. Wie soll man weiterleben?, fragt sich der siebenundvierzig-

194

jährige, in Oberhausen geborene furiose Theater- und Opernregisseur, Filmemacher und Aktionskünstler. Im Januar 2008 hatten die Ärzte bei ihm ein Karzinom in der Lunge diagnostiziert. Der linke Lungenflügel und Teile des Zwerchfells wurden entfernt. Der „Tod musste herausgeschnitten werden", wie der Chirurg es formulierte. Danach kamen die schmerzhaften Chemo- und Strahlentherapien. Schlimmer noch: Im Dezember desselben Jahres stellten die Ärzte bei einer Routineuntersuchung fest, dass in Christophs verbliebenem Lungenflügel zehn erbsengroße Metastasen wucherten. Schlingensief entsetzt: „Sie sind rasend schnell gekommen, keiner hat mit dieser Schnelligkeit gerechnet. Das sieht nicht gut aus."

Nun muss der menschenverliebte Künstler Menschenaufläufe vermeiden. Er soll keine Hände schütteln. Die Infektionsgefahr ist groß. Eine einzige Lungenentzündung könnte sein einmaliges Ich auslöschen. Der schwer Krebskranke lässt sich nicht mit Allgemeinplätzen und frommer Salbaderei trösten. Er schreit in seinem Buch seine Not heraus. Er speit gleichsam wie ein Vulkan. Schlingensief: „Aber ich kann doch jetzt nicht losziehen, den Ratzinger anrufen oder was weiß ich wen, und sagen: Herr, erbarme dich meiner! ... Das kann es doch nicht sein. Man muss doch irgendwie sorgen, dass all das alberne Geschwafel ... aufhört. Damit wir begreifen lernen, dass es im Kern um eine Beziehung zum Leben geht, die auch den Tod integriert, die nicht nur von Schönheit und Erfolg ausgeht, sondern auch mit Hässlichkeit und Misserfolg rechnen lernt. Dass man sich dem Zöllner und der Hure näher fühlen sollte als dem Pharisäer." Und: „Das Leben ist nicht schlüssig. Das ist einfach mal ganz klar festzustellen. Da kann der Papst auf'm Vulkan tanzen: Das Leben wird nicht schlüssiger. Das ist ein unschlüssiges Leben hier, das genau aus dieser Unsicherheit seine Kraft bezieht."

Der früh verstorbene Romantiker Novalis (1772–1801), eigentlich Georg Freiherr von Hardenberg, notiert (in *Fragmente*): „Die Liebe ist der Endzweck der Weltgeschichte, das Amen des Universums." Der Dichter meinte die Liebe zur Welt, zu den Menschen und die Selbstliebe. Genau das Letztere begreift nun auch Schlingensief: „Aber ich habe mich nicht freuen können, mich nicht belohnen können. Sich immer mal wieder zu sagen, Christoph, das war ein guter Tag, das hast du gut gemacht – das habe ich einfach vergessen. Das ist sehr, sehr schade." Der kranke Theatermacher entdeckt seine Dankbarkeit für das geistige Haben seines Lebens. Vor ihm verblasst das Saldo der Krankheit: „Eigentlich habe ich ja das große Los gezogen in diesem Leben, weil ich kreativ sein durfte, weil ich mir alles Mögliche ausdenken konnte und mir so vieles geschenkt worden ist. Immer wieder kamen neue Bilder, neue Gedanken, neue Texte – das war wie ein Füllhorn, aus dem ich fast pausenlos schöpfen durfte." Seine Liebe zur Kostümbildnerin Aino, mit der er sich inzwischen verheiratet hat, ist wundersam und schmerzhaft zugleich. Schlingensief: „Da ist es ganz egal, ob man ein gläubiger Mensch ist oder nicht: Die Vorstellung, dass diese Welt gelöscht sein wird, dass die geliebten Menschen weg sein werden, dass man all die Schönheit dieser Erde nicht mehr sehen wird, ist einfach kaum zu ertragen." Nackt kommen wir, nackt gehen wir.

Vor dem Hintergrund der Krebstragödie bricht der Künstler in eine Hymne an das Leben und an die Liebe aus: „Auf der Erde kann man so viel machen, das ist doch ein sensationeller Ort. Man kann Frieden schließen, man kann die Natur achten, man kann Menschen lieben, man kann Menschen helfen, man kann einfach alles tun." Schlingensief verfolgt den Plan, in einem armen afrikanischen Land eine Oper als „Sozialplastik" zu stiften, an der die Einheimischen selbst spielen, musizieren, sich Kultur schenken können.

Christoph Schlingensief konfrontiert uns Allzugesunden mit der Ich-Botschaft der Krankheit: „Am liebsten würde ich einfach allen, allen Menschen zurufen, wie toll es ist, auf der Erde zu sein. Was einem da genommen wird, wenn man gehen muss. Ich wünsche mir so sehr, dass die Leute begreifen, wie sehr es sich lohnt, sich um diese Erde zu kümmern. Diese Pessimisten mit ihrem ‚Asche zu Asche, Staub zu Staub' können einem doch gestohlen bleiben. Nein, diese Erde ist jetzt der einzige freie Ort im

Universum, in dem man gestalten und auch glücklich werden kann. Wenn die Menschheit verstehen würde, dass man anpacken kann, dass man Frieden schaffen kann, dass dieser Hass nichts bringt – dann wäre das hier eine Sensation, das Tollste, was man sich überhaupt vorstellen kann."

Das liebende Ich verlässt die Egozentrik. Es wird *allozentrisch* (von altgriechisch *allos, der andere*). Es ist das soziale Ich, die Verantwortung für den anderen, die den Menschen zum Menschen macht. Die Dinge und die Welt gehören nicht mehr mir allein, sondern einem anderen und mir gemeinsam. Das Ich schuldet dem anderen Liebe und es bildet sich gleichzeitig durch sie. Der andere ist überall. Der Philosoph Seneca schrieb über dieses mit den Menschen verbundene Ich: „Wir sind geboren, um gemeinsam zu leben. Und unsere Gemeinschaft ähnelt einem Gewölbe, in dem die Steine einander am Fallen hindern."

Ich und Welt bilden einen schöpferischen Zusammenhang. Leo N. Tolstoi (1828–1910) ermuntert in seinen *Tagebüchern* unser schwankendes Ich: „Nein, diese Welt ist kein Scherz, nicht bloß ein Tal der Prüfungen und des Übergangs in eine bessere, ewige Welt, sie ist eine der ewigen Welten, schön und freudvoll, und wir können nicht nur, nein, wir müssen sie noch schöner und noch freudvoller machen für die, welche mit uns leben, und für jene, die nach uns darin leben werden." Packen wir es an: Das ist der Weg zum Ich.

Ein Verlag, ein Haus, eine Philosophie.

Millionen Bundesbürger kennen den kämpferischen Ganzheitsarzt Dr. Max Otto Bruker (1909–2001) aus dem Fernsehen, aus Vorträgen, durch den „Mundfunk" überzeugter Patienten. Vor allem lesen sie aber die rund 30 Bücher des schwäbischen Humanisten und Seelenarztes. Mit einer Gesamtauflage von über drei Millionen Exemplaren ist Max Otto Bruker der wohl bedeutendste medizinische Erfolgsautor im deutschsprachigen Raum. Der – in der Nachfolge des Schweizer Reformarztes Bircher-Benner scherzhaft „Deutschlands Vollwertpapst" genannte – Massenaufklärer, langjährige Klinikchef und Ernährungsspezialist lehrt zwei fundamentale Erkenntnisse Patienten wie Gesunden: Der Mensch wird krank, weil er sich falsch ernährt. Der Mensch wird krank, weil er falsch lebt.

Hinter den Erfolgstiteln des emu-Verlages steht ein bedeutender Forscher und Arzt, eine Bewegung, ein Haus und tausende Schülerinnen und Schüler. 1994 wurde das „Dr.-Max-Otto-Bruker-Haus", das Zentrum für Gesundheit und ganzheitliche Lebensweise, auf der Lahnhöhe in Lahnstein bei Koblenz bezogen. Es stellt die äußere Krönung des Brukerschen Lebenswerkes dar: Der lichte Bau mit seinem Grasdach, den Sonnenkollektoren und den Wasserrecyclinganlagen, seinen Seminarräumen, dem Foyer mit der Glaskuppel und dem liebevollen Biogarten ist als Treffpunkt für all jene konzipiert, denen körperliche und seelische Gesundheit, ökologische und spirituelle Harmonie Herzensbedürfnis und Sehnsucht sind.

Hinter dem eleganten Halbmondkorpus mit dem markanten Grasdach verbirgt sich eine Begegnungsstätte für Gesundheitsbewusste, Seminarteilnehmer, Trost-, Ruhe- und Anregungsbedürftige.

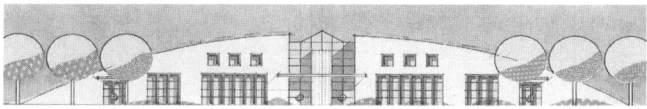

Das Dr.-Max-Otto-Bruker-Haus

Feste Termine:

Jeden Dienstag, 18.30 Uhr: Vortrag Dr. phil. Mathias Jung (Lebenshilfe und Philosophie)
Jeden Mittwoch, 10.30 Uhr: Fragestunde mit Dr. med. Birmanns (Ärztlicher Rat aus ganzheitlicher Sicht)

Ausbildung Gesundheitsberater/in GGB
Lebensberatung/Frauen-, Männer- und Paargruppen

Die vitalstoffreiche Vollwertkost hat ihre Verbreitung, auch im klinischen Bereich, durch die unermüdliche Information und praktische Durchführung von Dr. M. O. Bruker gefunden. Um die Erkenntnisse gesunder Lebensführung und die durch falsche Ernährung provozierte Krankheitslawine ins öffentliche Bewusstsein zu rücken, bildet die von ihm 1978 gegründete „Gesellschaft für Gesundheitsberatung GGB e.V." Gesundheitsberaterinnen und Gesundheitsberater GGB aus. Über 4000 Frauen und Männer haben bislang die berufsbegleitende Ausbildung bestanden und wirken in Volkshochschulen, Bioläden, Lehrküchen, Krankenhäusern, ärztlichen Praxen, Krankenversicherungen und ähnlichen Bereichen.

Auf der Lahnhöhe erhalten sie durch das GGB-Expertenteam nicht nur eine sorgfältige Grundlagenausbildung über die vitalstoffreiche Vollwerternährung und den Krankmacher der »entnatürlichten« (denaturierten) Zivilisationsernährung (raffinierter Fabrikzucker, Auszugsmehle, fabrikatorische Öle und Fette, tierisches Eiweiß usw.), sondern gewinnen auch Einblick in die leibseelischen Zusammenhänge der Krankheiten.

Anfragen zur Gesundheitsberater-Ausbildung wie zu den Selbsterfahrungsgruppen, Lebensberatung, Paartherapie und Psychotherapie bei Dr. Mathias Jung und weiteren Tages- und Wochenendseminaren sowie Einzelberatung sind zu richten an die Gesellschaft für Gesundheitsberatung GGB e.V., Dr.-Max-Otto-Bruker-Str. 3, 56112 Lahnstein (Tel.: 0 26 21/91 70 10, 91 70 17, 91 70 18, Fax: 0 26 21/91 70 33).
E-Mail: seminare@ggb-lahnstein.de
Internet: www.ggb-lahnstein.de

Fordern Sie ebenfalls ein kostenloses Probe-Exemplar der Zeitschrift »Der Gesundheitsberater« an

Von Dr. Jung sind im emu-Verlag bisher in der
„blauen reihe" erschienen:

Von Dr. Jung sind im emu-Verlag bisher in der
„roten reihe" erschienen:

Von Dr. Jung sind im emu-Verlag bisher in der „gelben reihe" erschienen:

Von Dr. Jung sind im emu-Verlag bisher in der Sprechstunden-Reihe erschienen:

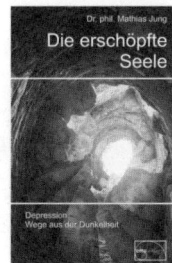

Von Dr. Jung ist im emu-Verlag eine Bibelinterpretation nach Walther H. Lechler erschienen:

Von Dr. Jung sind in Zusammenarbeit mit der Grafikerin
Andrea Montermann (Illustrationen) folgende Titel erschienen:

Von Dr. Jung sind im emu-Verlag folgende Vorträge als Audiokassetten bzw. CDs erschienen:

Lebensberatung

- Mein Charakter – mein Schicksal?*
- Die erschöpfte Seele – Depression*
- Das Verdrängte in unserer Seele
- Die Wunde der Ungeliebten
- Das Nein in der Liebe
- Was ist der Sinn des Lebens?
- Meine Sprache – meine Seele
- Söhne brauchen Väter
- Krankheit als Kränkung und Anpassung
- Eifersucht – ein Schicksalsschlag?*
- Der Mann – ein emotionales Sparschwein*
- Geschwisterliebe – Geschwisterrivalität*
- Verlassen und verlassen werden
- Neurodermitis – Fehlernährter Körper – Aufgekratzte Seele
- Das sprachlose Paar*
- Zweite Lebenshälfte – Endlichkeit und Aufbruch
- Das Drama der Trennung*
- Ein Zimmer für mich
- Mut zur Angst
- Sexualität – Lust und Last
- Außenbeziehung – Krise oder Chance
- Liebesverträge in der Beziehung
- Lob der Einsamkeit
- Aggressionen unter Liebenden
- Mehr Zeit für mich
- Alkoholkrank: Der Betroffene und seine Familie
- Lebensbedingte Krankheiten nach Dr. M. O. Bruker
- Meditation: Freude Angst – Hoffnung

- Alter und Tod. Rätsel der Natur
- Verzeihen und Versöhnen*
- Frieden mit den Eltern
- Das Paar im Wandel: Jugend, Mitte, Alter
- Sexueller Missbrauch
- Seele – Sucht – Sehnsucht*
- Organtransplantation – Sterben auf Bestellung?
- Humor und Zärtlichkeit
- Suizid – der Betroffene und die Angehörigen
- Übergewicht – der Kampf mit dem eigenen Körper
- Das Rätsel psychosomatischer Krankheiten*
- Arbeit – Fluch oder Lebenselixier

Märchen

- Der kleine Prinz – mein verschüttetes Ich*
- Froschkönig – Glück und Zähneklappern der Liebe
- Das verletzte Kind in mir oder Hans mein Igel*
- Sein und Schein oder Des Kaisers neue Kleider
- Schneewittchen oder Das Drama des Neides
- Siddharta: das Rätsel des Lebens*
- Eisenhans oder Wie ein Mann ein Mann wird
- Das tapfere Schneiderlein oder Mut zum Leben
- Eigensinn oder Die Möwe Jonathan

* auch als CD erhältlich

- Elternablösung – Hänsel und Gretel*
- Außenseiter – Das hässliche Entlein*
- Befreiung der Weiblichkeit – Das Märchen Blaubart*
- Tödliches Schweigen – Der Fischer und seine Frau
- Schneewittchen – Der Mutter-Tochter - Konflikt
- Dornröschen – Das Erwachen zur Frau*
- Das kalte Herz – Ein Männermärchen*
- Rapunzel – Der Prozess der Ablösung

- Feuerbach oder Die Sache mit Gott
- Marx oder Die Entfremdung des Menschen
- Schopenhauer oder Die Qual des Seins
- Nietzsche oder Die Hymne auf das Leben
- Heidegger oder Die Angst
- Jaspers oder Die Weltphilosophie
- Hannah Arendt oder Vom tätigen Leben
- Bloch oder Das Prinzip Hoffnung
- Popper oder Die offene Gesellschaft
- Sartre oder Die Freiheit

Philosophie

- Sokrates oder Die Norm meines Gewissens
- Seneca oder Die Freude des Augenblicks
- Augustinus oder Der Zwiespalt
- Giordano Bruno oder Die neue Welt
- Montaigne oder Das Leben als Meisterstück
- Descartes oder Der Januskopf der Wissenschaft
- Spinoza oder Das Abenteuer der Diesseitigkeit
- Hobbes oder Die Zähmung der Bestie Mensch
- Leibniz oder Die Beste aller Welten
- Hume oder Das Ende des dogmatischen Schlummers
- Voltaire oder Die Waffe des Geistes
- Kant oder Die Mündigkeit
- Hegel oder Der Fortschritt

Literatur

- Lessing – Die Toleranz
- Wieland – Die Aufklärung
- Goethe – Dichtung und Wahrheit
- Schiller – Der Atem der Freiheit
- Jean Paul – Humor und Menschenliebe
- Hölderlin – Griechenland mit der Seele suchen
- Kleist – Die Zerrissenheit des Menschen
- Novalis – Die blaue Blume der Romantik
- Eichendorff – Posthorn und Waldesrauschen
- Hauff – Die Magie der Märchen
- E. T. A. Hoffmann – Die Elixiere des Teufels
- Storm – ohne Hoffnung künftigen Seins
- Raabe – Chronist des Kleinbürgertums